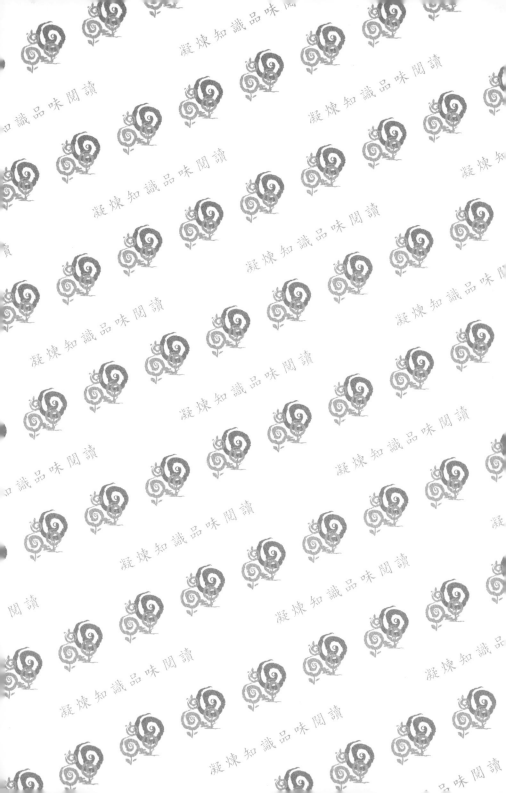

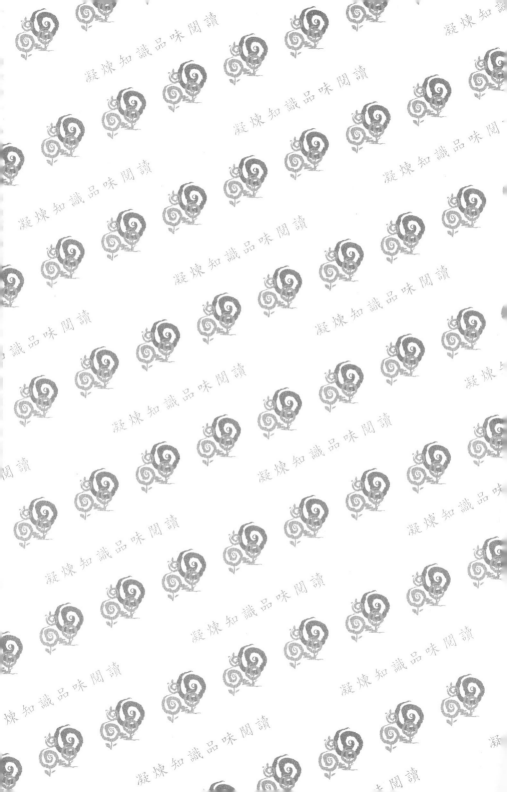

吳斯茜、張淵菘 著

警民互動之
程序正義

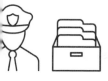

五南圖書出版公司 印行

推薦序

　　這是一本極富啓發性的專書，詳細論述警察獲取人民信任的關鍵，在於警民互動過程中體現的程序正義，以及如何實踐程序正義的內涵，值得第一線執法員警與警察幹部作爲提升執法品質與建立組織文化的參考指南，也適合警察機關及警察教育機關納爲內部教育訓練及警察養成教育的素材。

　　警察是刑事司法的最前線，爲社會秩序擔當「危害防止（預防犯罪）」與「犯行追緝（查緝犯罪）」的雙重角色。從一般守望、巡邏、臨檢、勤區查察等例行的勤務過程，如果發現行爲人涉有犯罪嫌疑，身分立即由「警察職權行使法」的行政警察，轉換成「刑事訴訟法」的司法警察，由於警察肩負雙重任務承當，且必須與民眾面對面互動，民眾對於治安良窳的感受、警察形象優劣的觀感，以及執法權威的信賴等等，都是在警民互動中逐漸累積、蘊育形成。因此，如何使第一線執法員警充分了解警民互動程序正義的內涵，如何驅使員警具體實踐在每一執法個案中，本書作者給了答案，也提出具體可行的建議，以下簡要介紹給讀者。

　　本書第三章介紹程序正義的內涵，指明程序正義是決策過程的處理方式，分析人們面對好結果或好消息，過程品質就不見得太在意，但遇到壞結果的情況，感受就明顯不同，因此，程序正義的焦點在於過程。警察執法過程，當面對衝突複雜的情況，除了要懂得調節自己情緒、保持冷靜外，也要與現場意見分歧人士良性互動，進行說服、化解歧異、降低衝突。

　　本書第四章強調透過程序正義建立執法正當性。作者舉出國內多個實證研究發現，警察執法過程愈符合程序正義，例如公平對待民眾、給予陳述意見機會、關心民眾需求等等，民眾對警察的負面觀感，愈會降低；且民眾與警察接觸時，對於程序正義的感知，會顯著影響到對警察執法正當性的看法。另警詢面對犯嫌時，詢問過程的程序正義，要把尊重原則擺在第一位。

　　第五章談實踐程序正義的四大原則，無疑是本書的精華。四項原則：第一是「尊重」，無論民眾的地位、背景、性別、種族、宗教或其他特徵，在互動過程中，要讓對方感受到被尊重，即使是犯嫌也要給予尊重的態度。第二是「民眾參與」，要讓民眾有機會表達個人意見，給予即時的申辯，以保障民眾的程序參與權。第三是「中立性」，警察在執法時，能夠基於事實作決策，不預設立場；保持中立性才能公正客觀，以無偏私的態度，維持處置的一致性。第四是「值得信賴的動機」，傳達足夠讓民眾信賴的訊息，以表明行為出自於誠實的動機，模稜兩可的措辭，未提供明確的理由或資訊，可能使民眾產生質疑，認為警察不誠實或不坦蕩，以致降低對警察執法的信賴感。

　　第六章舉社會矚目的妨害公務案例進行分析。本書認為妨害公務案件是警民接觸互動過程中衍生出來的犯罪，由案例分析發現若員警能遵從程序正義原則來與民眾對話，或許就不需進入使用強制力逮捕階段。另發現員警在留置與警詢階段不夠尊重犯嫌，容易忽略程序正義，甚且，在警民接觸過程中，讓民眾對程序正義的感知也不足。因此，警察尊嚴及執法正當性之建立，關鍵在於強化警民互動的程序正義。

　　本書最後以外部程序正義從警察組織內部滋養作為總結，這個觀點相當重要。作者認為如何培養程序正義的素養與應對習慣，源自於內部程序正義，也就是警察機關內部的人際

互動，如果是公平、尊重和透明的，員警就會以類似的方式對待民眾。以往警察組織強調權威式領導可能過度任務導向，未來應該強化正向領導，增進團隊信任，這是警察各階層主管值得正視的課題。

　　近年國內幾項對於警察維護治安滿意度的調查，皆有相當不錯的成績，這是全體警察同仁努力付出的成果。期盼本書問世，可以增進第一線員警在執法過程中，落實並實踐程序正義各項原則，警察機關主管也能從組織內部的程序正義做起，一同為建立警察執法尊嚴及提升警民互動品質而努力。

臺北地檢署主任檢察官

高 一 書

作者序

面對治安的挑戰，可以審視當前犯罪與破壞社會秩序的大問題，但影響治安維護任務的成敗關鍵，往往要從小處著手，我們在書中就是要來談談警察工作中不能輕忽的小處——警民互動。

互動可以有很多形式，本書主要引進國外警政非常重視的程序正義概念，作為指導性思維。程序正義是警察執法專業化程度的判準之一，可以從對話中觀察程序正義是否到位，它為執法過程定下了基調，有助於減少低效的溝通，提高任務圓滿達成率。

我們希望透過本書的解釋，讓警察同仁們理解執法過程品質的差異與重要性，不用靠經驗法則，自行摸索警民互動的技巧；若同仁們能掌握程序正義的要領，對自己的執法表現也會更有信心。此外，在警察組織內部的管理，程序正義也有助益，建議在領導工作上融入其中。

目　錄

緒論

警民關係概念的變遷

　　現代警察制度發軔於英國，核心思想由羅伯特・皮爾爵士（Sir Robert Peel, 1788~1850）奠下基礎，因爲英國是第一個從農業社會過渡到工業社會的國家，伴隨都市化、人口爆增與貧富差距等因素，導致犯罪率飆升，當時英國首都倫敦的治安問題最嚴重，大量的外來人口不斷湧入，1801年至1851年人口統計從100萬人增至270萬人[1]，這種人口成長速度是史上頭一遭，英國大文豪狄更斯《雙城記》的金句：「這是最好的時代，也是最壞的時代。」書名中「雙城」之一就是倫敦，由此可見當時的社會背景如何催生出現代警察。

　　在此之前英國採取以「社區自保」爲基礎的治安制度，如遇到民眾大規模抗議事件時，便利用軍隊進行控制及鎮壓，有違英國憲法精神，費用昂貴且會造成許多人員傷亡[2]。倫敦各地區設有夜巡的守望員（watchmen）或警衛員（constables），他們的薪水微薄、人數不足、地位低下或只是兼職，根本無法承擔城市治安維護的功能，民眾只能自力救濟[3]，故有倡議解決方案是朝向中央集權式的警察制度。皮爾爵士於擔任英國內政部長期間積極整頓社會秩序，並對司法進行諸多改革，1829年9月通過「首都警察法」（The Metropolitan Police Act）是重大的里程碑，也是警民關係理念的源起與雛形[4]。依據該法案設立「倫敦首都警察廳」，倫敦開始召募全職、著制服、專責的現代警察，一改過去地方性、非正式組織的運作型態。

1　Frisby, D.（2021）。光天化日搶錢：稅賦如何形塑過去與改變未來（王曉伯譯）。臺北：時報（原著出版於2021年）。

2　吳鐵穩（2009）。從社區自保到現代警察：社會轉型時間英國治安制度（**1750-1856**）。南京大學博士論文。

3　Lyman, J. L. (1964). The Metropolitan Police Act of 1829. *Journal of Criminal Law and Criminology*, 55, 141-154.

4　馬振華（1981）。警民關係理念的新境。警學叢刊，11(4)，114-121。

　　皮爾爵士刻意塑造民眾的警察（people's police）的概念，強調警察只是民眾裡有支薪且必須貫注全副心力於工作的人，其職責是保障所有民眾的社會福利和生存利益，期望警察制度是防衛人民、財產及維護正義的最佳解決方案[5]。成立之初爲了避免民眾產生軍人警察的印象，皮爾爵士設計警察制服時刻意挑選藍色（軍人是紅色），且要降低民眾對警察執法的恐懼，所以沒有配備武器，只有木頭警棍和哨子，同時要求警察應該僅使用最低限度的武力來達成警察任務[6]。警察著制服在倫敦街頭徒步巡邏相當明顯，自此民眾不用向鄰居大喊「抓賊」，因爲有警察可以處理了；1830年後倫敦的暴力犯罪減少，一定程度要歸功於見警率（police visibility）的關係[7]。由此可見皮爾爵士的一片苦心，由於現代警察的成效頗佳，後來皮爾爵士兩度出任英國首相，該制度也陸續推行至全英國。

　　皮爾爵士對警察工作的本質界定，來自於其著名的「皮爾爵士警務九原則」（Sir Robert Peel's Nine Principles for Modern Policing），19世紀發展至今，各國持續進行警政專業化發展，雖然時代變遷，但此九項原則的核心思想仍被奉爲圭臬，九原則內容如下：

一、警察的基本任務乃預防犯罪與失序行爲的發生（The basic mission for which the police exist is to prevent crime and disorder.）。

二、警察執勤能力係基於民眾對於警察活動的認

5　Gash, T.（2022）。*被誤解的犯罪學：從全球數據庫看犯罪心理及行爲的十一個常見偏誤*（二版）（堯嘉寧譯）。臺北：臉譜（原著出版於2016年）。頁260。

6　Lyman, J. L. (1964). The Metropolitan Police Act of 1829. *Journal of Criminal Law and Criminology*, 55, 141-154.

7　孟維德（2005）。*警察與犯罪控制*。臺北：五南。頁73-74。

同（The ability of the police to perform their duties is dependent upon public approval of police actions.）。

三、警察必須致力於確保民眾配合守法的意願，以獲得並維持民眾對警察的尊重（Police must secure the willing cooperation of the public in voluntary observance of the law to be able to secure and maintain the respect of the public.）。

四、民眾配合的程度高低，與警察使用實體強制力的必要性成反比（The degree of cooperation of the public that can be secured diminishes proportionately to the necessity of the use of physical force.）。

五、警察透過不斷展示對法律的絕對公正無私的依法行政服務，而非以討好民意的方式來獲得民眾的支持（Police seek and preserve public favor not by catering to the public opinion but by constantly demonstrating absolute impartial service to the law.）。

六、警察只有在理性說服、忠告和警告等方式皆無效時，方得使用必要的實體強制力以確保民眾遵守法律或維持秩序（Police use physical force to the extent necessary to secure observance of the law or to restore order only when the exercise of persuasion, advice and warning is found to be insufficient.）。

七、警察應始終與民眾保持良好關係，實踐警民一家的歷史傳統；警察本就是社會的一分子，受僱專職履行對社會整體福祉（Police, at all times, should maintain a relationship with the public that gives reality to the historic tradition that the police are the public and the public are the police; the police being only members of the public who are paid to give full-time attention to duties which are incumbent on every citizen in the interests of community welfare and existence.）。

八、警察應始終嚴格依照職權行事，切勿僭越司法機關的權限（Police should always direct their action strictly towards their functions and never appear to usurp the powers of the judiciary.）。

九、警察的效能係以「彌禍於無形」為標準，而非取決於應處犯罪和失序問題的有形行動（The test of police efficiency is the absence of crime and disorder, not the visible evidence of police action in dealing with it.）。

　　皮爾爵士推動警察成為專業支薪的全職人員，並於英國倫敦創立第一個現代化警察組織後，歐美各國陸續跟進，美國於1844年立法通過成立全時的現代警察，法國於1840年在巴黎成立，德國於1844年在柏林成立；中國較晚，現代警察制度在19世紀末晚清時期才被引進[8]。

　　皮爾爵士只提出了警民關係的雛形，直到1914年美國紐約市警察局才有比較具體的要求，例如員警手冊中有二點：「1.員警要對民眾顯露出熱忱的態度，及紳士風範」；「2.禁止員警表現出任何情緒上的不良反應」，但僅屬於改善服務態

8　梅可望、陳明傳、李湧清、朱金池、章光明、洪文玲（2008）。**警察學**。桃園：中央警察大學。

度層面而已，後來開始吸納「公共關係」的思維。1939年堪薩斯市警局成立第一個公共關係業務單位，1950年代歐美國家開始注重行銷，塑造警察形象，希望讓民眾喜歡警察或覺得警察重要，重點在於建立良好聲譽（reputation），例如設公關室與發言人、派代表去學校演講、參加商業活動、發文宣等，但不算是「正業」，行有餘力再做。然而，警政學者更進一步思考警民關係的理念，1960年代後期趨向的警民關係內涵為「公共服務」，主張警察的服務性角色不可或缺，因為公關形象方式不足以造成態度的改變，要透過服務工作來增進警民接觸的實效，更不再是附屬工作了[9]。

　　另一個重要里程碑是1970年代初美國堪薩斯市預防巡邏實驗（The Kansas City Preventive Patrol Experiment, KCPPE），由美國「警察基金會」（Police Foundation）贊助執行，最特別之處在於，之前從未嘗試過如此大範圍、大規模的實驗方式來評估警察巡邏的價值，這是見警率的核心策略。實驗設計將巡邏方式分成三種型態：1.預警式巡邏區（proactive）：巡邏密度增加至原來的二至三倍；2.反應式巡邏區（reactive）：該區域不設置巡邏警察，但緊鄰於預警式巡邏區，當民眾報案或請求協助時，鄰近的預警式巡邏區警察再進行處理，盡可能將反應區的見警率降至最低；3.控制式巡邏區（control）：維持實驗前之原本的巡邏密度。參與的警察以一車為一組，每組3人，實驗期間自1972年10月1日至1973年9月30日，為期十二個月。結果發現不同巡邏密度並不會影響犯罪率、民眾被害恐懼感以及對警察的評價[10]，這雖然顛覆了「巡邏是警察勤務的骨幹」的傳統思維，惟員警對預警式巡

9　馬振華（1981）。警民關係理念的新境。警學叢刊，11(4)，114-121。

10　Kelling, G. L., Pate, T., Dieckman, D., & Brown, C. E. (1974). *The Kansas City Preventive Patrol Experiment: A summary report*. The Police Foundation.

邏於防制犯罪的效能，仍存在正反差異的看法。

　　有趣的是，這項實驗期間還加入了觀察者，主要是觀察警察工作時間的運用，結果發現參與實驗的警察並沒有完全將時間專注於打擊犯罪，比較這三組警察時間運用的差異，被動反應組的人員在「與警察無關的動態及靜態事務」上花較多時間，占比為22.1%；主動預警組的人員在無關警察事務的時間占比為16.6%，與控制組的時間占比16.4%相近，當時觀察者所彙整的活動類型如下[11]：

一、與警察有關的靜態活動：如填寫報表、等待拖吊車輛、監控、交通執法等。

二、與警察無關的靜態活動：如吃東西、休息、閱讀、看女生、打電話、閒聊、睡覺、觀看與電影或運動有關的事物等。

三、與警察有關的動態活動：如尋找可疑車輛、人員及贓車、處理交通違規、訓練新進巡邏人員、建築物及住宅守望等。

四、與警察無關的動態活動：開車解悶、看女生、處理個人差事等。

五、在現場與他人接觸，屬與警察有關者：如交換有關犯罪嫌疑人的情資、討論案情及警局政策等。

六、在現場與他人接觸，屬與警察無關者：閒聊有關汽車、性事、渡假、打獵方面的事物、講笑話等。

七、其他類：如往返警察單位、法院、汽車修理廠等。

11　孟維德（2009）。從美國堪薩斯市預防巡邏實驗評析見警率與巡邏的效能。警學叢刊，39(4)，1-22。

　　儘管汽車巡邏依舊是警察勤務的核心策略，但該實驗打破了巡邏的假設基礎，對警察政策發展產生重大影響力。其中一項檢討為，若僅只是增加警車經過街道的頻率，警察並未走出巡邏車與民眾互動，成效其實有限。這個概念為「社區警政」（community policing）所吸收，具體作法是要求警察勤務提高徒步巡邏，以拉近與民眾的接觸機會。但光靠警察徒步巡邏是不夠的，因為社區警政的實質內涵是要建立起夥伴關係（partnership），深化社區民眾的參與，重視民眾需求與問題，才能促進警民互惠與合作[12]。

　　此外，美國警政學者赫曼‧戈林（Herman Goldstein）提出「問題導向警政」（problem oriented policing），強調警察要往上探求犯罪問題的結構成因，明確定義且全面理解所要解決的問題，採用掃描（scanning）、分析（analysis）、反應（response）及評估（assessment）之SARA模式，以期根本解決問題，或可類比為醫生。如今，社區警政與問題導向警政是兩種相互獨立又相互補充，親密合作的警政策略[13]。有別以往傳統警政的純粹反應式作為，社區警政與問題導向警政皆強調先發的重要性，重視警察人員的知能甚於體能，實踐上需仰賴溝通互動技巧[14]。

　　綜上所述，自19世紀現代警察創制後，英美等國對於警民關係的概念不斷擴展，20世紀最開始的焦點是警察服務態度，中期延伸出對外的公共關係，後期就警察工作本質再定位，為警民關係賦予公共服務的精神，提高警察的服務角色與

12　林燦璋（1995）。問題導向警察與社區導向警察之比較。**警學叢刊**，25(3)，39-56。

13　許福生（2019）。論問題導向警政在警察勤務上之運用。**警學叢刊**，49(4)，36-63。

14　林燦璋（1995）。問題導向警察與社區導向警察之比較。**警學叢刊**，25(3)，39-56。

業務範圍。此外，警察專業化過程中逐漸意識到，抗制犯罪不能只靠警察被動反應，和侷限在執法者角色定位，而是要擴大社區參與、有效整合民間資源會更有力量，在社區警政與問題導向警政的共同推動下，警民接觸成為了非關注不可的議題。

對照我國警政的發展也循類似路徑，行政院於民國67年8月24日通過警政現代化方案，四大基本要求為「儀容」、「態度」、「效率」與「風紀」，因為當時臺灣的警察普遍思維是「管老百姓」，民眾也對警察抱著敵對與排斥態度，警民關係嚴重失調，所以要實施警察的服務態度偵測、禮貌微笑運動，以確保警政現代化成功[15]。內政部警政廳於民國76年2月28日訂頒實施「積極改善員警服務態度實施要點」，77年時任內政部警政署署長丁原進於警察節談話指出：「服務的警察，是現代民主社會的基本角色，警察是法律的僕役，更是人民的公僕。因此，警政工作必須切實掌握社會的脈動與民意的需求，全心全力為民服務。[16]」可見當時服務觀念尚待推廣，並非一蹴可幾。另在民國85年的常訓教材中，分析員警服務態度欠佳的因素，仍有抱持著高高在上的「官」和「管」的落伍觀念；不熟悉法令規定、不講求執法技巧；心情不佳致語言粗劣，舉止浮躁或受外界刺激時，就遷怒民眾，上述等等狀況不利於警民關係，所以警察機關要積極樹立親民、愛民、助民的觀念。

但如今已不可同日而語了，隨著經濟發展、生活品質提升，民眾對於政府服務品質的要求也更高，現行警察機關推動「為民服務」已常態化了，這些工作範圍無從界定，服務熱忱

15 焦先民（1979）。如何使警民關係更上層樓——為慶祝第一屆警察節。警學叢刊，9(4)，39-42。
16 孟維德（2003）。警察與民主社會——警察角色定位之實證研究。中國行政評論，12(4)，1-42。

有明顯的升級，更常見事蹟是警察執勤時發揮同理心協助民眾，機關也會發布訊息表彰同仁們的善行，有助於人民褓姆的警察形象。

至於我國警察的巡邏勤務，以盤查人車爲例，指標性案件發生在2021年4月22日中壢分局葉姓員警盤查詹女案件，葉員自認身處治安熱點，盤查時僅告知詹女之理由爲「我是警察」、「我沒看過妳」、「這裡是公眾得出入之場所」、「妳一直看我」、「我憑我的經驗」，導致詹女不服，口出侮辱性言語「眞的很蠢！」，遭葉員以強制力限制其人身自由，並帶回派出所留置、警詢，期間並輔以戒具手銬腳鐐，前後長達約9小時。本案已遭監察院糾正，法院重判葉員。因此，值得反思執法過程的對話走向，如何更精緻化達到執法目的[17]。

另從犯罪被害人觀點，當警察抵達犯罪現場時，往往犯嫌已經逃離了，警察正是被害人第一個接觸的刑事司法人員，此時如何回應被害人，對後續案件處理產生關鍵性影響。然而，早期刑事司法體系對於被害人感受的敏感度仍低，倘若警察的認知不足，案件處理過程以不專業的方式對待，反而造成被害人二度傷害。1999年國際警察首長協會（the International Association of Chiefs of Police, IACP）召集各地實務工作者舉辦研討會，融合各實務工作者的意見撰寫而成的《加強執法回應被害人》（Enhancing Law Enforcement Response to Victims）即明確提出被害人之「安全」、「可及性」、「資訊」、「支援」、「持續性」、「發言」及「正義」等七項關鍵需求，同時更進一步研擬執法人員的回應策略，並提出基本的原則供實務工作者於接觸被害人時參探。如今刑事司法體系日益重視被害人權益，警察與被害人的互動亦是重要課題，例

---

17 許福生（2022）。員警執行巡邏勤務中盤查人車及取締酒駕案例之評析。**中央警察大學法學論集**，**42**，71-134。

如減少執法性別偏見、導入創傷知情（trauma informed）概念
等。

　　本書思路的起點，欲與人建立關係，正面形象有加分效
果，但要真正判斷人際關係的良窳，來自於彼此接觸的經驗。
同理，警民關係的基本面，良好的警察形象不在話下，但更重
要的是取決於警民互動的品質，而且從整體社會發展趨勢觀
察，民眾愈來愈不能容忍品質不佳，所以對警民互動品質的要
求將會提高。《一如既往：不變的人性法則與致富心態》作者
摩根‧豪瑟（Morgan Hausel）提醒：「有哪些我們如今忽略
的事物，在未來會看起來顯而易見？」本書認為答案之一，就
是警民互動的程序正義。

第一章

強化警民互動的新思維

壹、美國歐巴馬總統特設專案小組《21世紀警政報告書》

進入21世紀，如何觀察現代警政的風貌？

本書以2014年12月美國歐巴馬總統成立「21世紀警政專案小組」（Task Force on 21st Century Policing）作為觀察指標。背景是美國發生多起白人警察針對非裔民眾過度執法的案件，各地開始發起「黑人的命也是命」（Black Lives Matter）的反種族歧視運動，引發矚目的是2014年8月美國密蘇里州佛格森市（Ferguson）案件，一名18歲非裔青年麥克·布朗（Michael Brown）遭28歲的白人警員達倫·威爾遜（Darren Wilson）槍擊身亡，據稱布朗剛在超商偷竊一包香菸，但由於布朗已高舉雙手且未攜帶武器，警察濫權與種族歧視問題隨即引發群眾示威及暴動；11月法院針對槍擊案裁定該警員無罪，導致全美各地抗議不斷。歐巴馬總統責令專案小組以「找出最佳治安作法，提供實務有效促進降低犯罪率，並建立公共對警察的信任」。

2015年5月專案小組提出《21世紀警政報告書》，架構出美國警政的六大支柱（Pillar），以及59項相關建議（Recommendation），此六大支柱包括：1.建立信任與執法正當性（Building Trust and Legitimacy）；2.政策與監督（Policy and Oversight）；3.科技與社群媒體（Technology and Social Media）；4.社區警政與降低犯罪（Community Policing and Crime Reduction）；5.警察教育訓練（Training and Education）；6.警察福祉與安全（Officer Wellness and Safety）。2015年7月白宮和美國司法部共同召開一場論壇，與會者呼籲編撰一本指南手冊，以協助具體實踐專案小組的建議事項。

　　在此呈現六大支柱相關的重點議題，藉由展開上層來了解全貌，然後僅就本書所要探討的核心內容，再作細部的說明：

第一支柱：建立信任與執法正當性
- 改變警察文化：從戰士文化轉向守護者文化
- 警務在過去不公正事件中的角色
- 透明度和問責制的文化
- 程序正義：內部合法性
- 積極的非執法活動
- 研究犯罪打擊策略，以破壞或建立公眾信任
- 社區調查
- 多樣化的工作人員
- 解除聯邦移民執法與地方警務之間的聯繫

第二支柱：政策和監督
- 社區參與和參與度
- 使用武力
- 對關鍵事件進行非懲罰性的同儕評審
- 科學支持的身分確認程序
- 所有拘留的人口統計數據
- 大規模示威政策
- 地方民眾監督
- 禁止按票收入制定配額
- 同意、知情的搜查和扣押
- 警察身分和停車理由的識別
- 禁止歧視
- 鼓勵不同地區之間的共享服務
- 國家被撤銷資格的警察註冊

第三支柱：技術與社群媒體
- 確立相容性和互操作性的新技術標準

- 解決人權和隱私問題
- 考慮當地需求和特殊需求的技術設計
- 密錄器和其他新興技術
- 公共記錄法
- 給社區提供透明度和便利性技術
- 開發新的非致命性技術

第四支柱：社區警政與犯罪減少

- 社區參與管理公共安全
- 在執法機構中融入社區警務
- 使用多學科團隊
- 保護所有人的尊嚴
- 社區問題解決
- 減少給年輕人帶來污名化的侵權執法
- 解決從學校到監獄的養成管道問題
- 青少年參與

第五支柱：警察人員培訓與教育

- 高質量培訓和培訓創新中心
- 使社區成員參與培訓
- 所有警員接受領導培訓
- 高階幹部的研究生培訓計畫
- 在基礎招募和在職培訓中納入以下內容：
  - 在民主社會中的警務
  - 隱性偏見和文化響應能力
  - 社交互動技巧和戰術技能
  - 成癮疾病
  - 危機干預小組（心理健康）
  - 加強性騷擾和性騷擾政策
  - 如何與LGBT和性別非符合人群合作
- 執法人員的高等教育

- 利用技術提高培訓的可及性和質量
- 改善現場培訓主管計畫

第六支柱：警察健康與安全

- 多方面的警察安全和健康計畫
- 在各個層面提倡警察的健康和安全
- 科學支持的輪班長度
- 戰術急救工具和培訓
- 每位配備防彈背心
- 蒐集有關警察傷亡事件的資訊
- 要求警察繫好安全帶和穿戴防彈背心
- 透過同儕評審錯誤管理立法
- 智慧汽車技術以減少事故

　　分析《21世紀警政報告書》，重中之重是頭號支柱「建立信任和執法正當性」，宣告了警民關係的最上位原則。再從第一支柱往下看，實踐指南第一項直指要優先改變的是警察組織文化，並表明從戰士文化轉向守護者文化，這概念是源自於學者研究警察的工作心態發現，可分為二類：戰士心態（warrior mindset）與守護者心態（guardian mindset），因為兩者心態截然不同，導致的執法行為也有極大差異。然而，回顧當初皮爾爵士就極力避免警察軍人化，重視警民關係，了解這個歷史脈絡非常重要，因為曾有批評者認為社區警政是皮爾爵士理念的新瓶裝舊酒，但事實上是印證皮爾爵士的真知灼見，一百六十餘年後重獲肯定、去蕪存菁[1]。

1　陳明傳（1992）。警政思想之演進（下）。**警學叢刊**，22(3)，15-33。

貳、警察心態：戰士vs.守護者

　　戰士心態的警察視打擊犯罪為主要任務，守護者心態的警察將服務優先於打擊犯罪。「守護者」（guardian）的典故出自於哲學家柏拉圖，柏拉圖認為一個尊重民主核心的共和國願景中，最大的權力被賦予給那些被稱為守護者的人；唯有品格最完美的人，才會被選中來承擔保護民主的責任。由此可見，警察如要扮演崇高的守護者角色，需要深切的自我期許，陶冶品格，亦可以理解守護者心態的警察一定會重視警民互動的品質。

　　那麼戰士心態何來？傳統的犯罪控制策略，取決於人們害怕犯罪行為會被警察逮捕並受到懲罰，這是基於威嚇的信念，所以警察執法的重點是達到威嚇作用。加上美國民眾可合法擁有槍枝，涉及槍枝的犯罪案件數是先進國家最高，但槍枝管制卻是美國政治的難題。另一個政策因素是美國自1997年起推動「1033計畫」，目的是處理軍方過剩的武器裝備，各地警方陸續接收軍用裝備，導致愈來愈多的軍事化色彩，例如田納西州某轄區人口3萬6,000人的警察局獲得一台坦克車，也間接吸引並僱用了更具攻擊性的人從警，視治安維護工作如同戰爭，與民眾互動有對抗性，他們往往會過度使用強制力[2]。

　　美國再次掀起「黑人的命也是命」示威巨浪的是2020年5月明尼蘇達州46歲非裔男子喬治‧佛洛伊德（George Perry Floyd）案件，白人警察德瑞克‧蕭文（Derek Chauvin）以膝蓋壓制佛洛伊德的頸部導致喪命，他在9分多鐘的期間斷斷續續說了27次「我不能呼吸」（I can't breathe），現場圍觀民眾將拍攝的影片上傳網路後震驚全美。當年度蓋洛普調查機

2　Klaas, B.（2022）。腐敗：權力如何崩壞人性（林金源譯），臺北：平安文化（原著出版於2021年）。頁85-88。

構（Gallup）調查結果顯示，民眾對美國警察的信任度跌至近三十年來最低，尤其非裔民眾更加不信任警察。[3]本案法院判處該名警察二十二年六個月有期徒刑，這是美國起訴警察執法過當的最高刑期之一。

然而，2023年1月美國田納西州曼菲斯市29歲非裔男子泰爾・尼科爾斯（Tyre Nichols）返家時遭遇攔檢，警察將其拖出車外後，5名非裔警察陸續使用電擊槍、辣椒噴劑、警棍與拳腳痛毆，致其送醫後不治，那些涉案的警察立刻遭到免職，並以二級謀殺、加重傷害及加重綁架等罪起訴。因為警察和民眾同樣是非裔人士，這個事件檢討時無法套用種族歧視的邏輯，也讓美國社會意識到「警察暴力」（police brutality）或許才是更深層的問題，而非簡化為種族歧視的因素。[4]

耶魯大學心理學和法律教授湯姆・泰勒（Tom R. Tyler）在《人們為什麼遵守法律》書中闡明行使法律權威（authority）的方式很重要，如果民眾與司法機構、執法人員互動期間，認為行使權威是正當合法的，民眾就會更願意表現遵守法律的行為，亦即警察工作成功仰賴執法正當性；至於民眾對警察執法正當性的看法，取決於程序正義（procedural justice）的判斷有關[5]，這個程序為基礎的正當性觀點（process-based legitimacy）影響了法律制裁的看法，也是21世紀以來引導各國刑事司法制度發展的重要取向。

如果警察組織要從戰士文化轉變為守護者文化，促進文化轉型的條件之一就是更重視警民互動的程序正義。尤其負面的

3　Gallup Center (Aug 12, 2020). Black, white adults' confidence diverges most on police. https://news.gallup.com/poll/317114/black-white-adults-confidence-diverges-police.aspx.

4　聯合新聞網（2023/1/30）。5非裔警打死非裔男 小組解散。取自https://udn.com/news/story/6809/6935920。

5　Tyler, T. R. (1990). *Why people obey the law*. New Haven: Yale University Press.

互動往往比正面的互動更具破壞性，惡性循環是民眾接觸警察時，可能選擇不配合的態度。目前美國警察在進行程序正義的訓練時，訓練目標強調警察要提高對現場情況的理解能力、決策的品質以及和民眾有效互動，而非只是讓受訓警察注意種族歧視的議題。

社會學家讓－保羅‧布洛德爾（Jean-Paul Brodeur）將警政模式分為「高度警政模式」（high policing）與「低度警政模式」（low policing）二大類，高度警政模式下的警察執法作為是基於對國家安全威脅的假設，例如祕密警察，執行任務可不受監管，警察不僅有威權形象，也容易發生濫權、暴力、腐敗或不當行為[6]；低度警政模式相對透明化，要求警察遵循程序正義，確保執法正當性。專制國家會傾向高度警政模式，民主國家則傾向低度警政模式，但視不同治安狀況，警政模式運作會在高度與低度之間擺盪，最常見的是社會發生大規模陳抗事件時，警察為因應局勢就會調整為高度警政，然而代價可能造成警民的「信任赤字」[7]。

實際上這涉及警察維持秩序與保障人權的概念，基本上，警察試圖在維持公共秩序的同時，亦應保障個人權利。雖然「人權」在1948年聯合國通過「世界人權宣言」（Universal Declaration of Human Rights）後已成為普世的價值，然而在重視社會秩序之保守派人士（conservatives）長期以來支配警察專業發展取向下，主張「犯罪控制模式」（crime-control model），透過警察抓要犯、破大案之追求破案效率，以彰顯結果主義（consequence）或功能主義

6　Brodeur, J.-P. (1983). High policing and low policing: Remarks about the policing of political activities. *Social Problems*, *30*(5), 507-520.

7　陳偉華（2019）。政治抗爭與警政回應：臺灣與香港經驗的分析視角。全球政治評論，67，107-130。

（utilitarianism）價值，始終高度影響警察工作的取向。惟隨著自由派人士（liberals）在追求人權價值的努力下，「正當程序模式」（due process model），要求警察對於每個個案的事實，皆必須謹慎為之，任何採取逮捕、訊問等強制力行使時，必須優先承認嫌犯所擁有的基本人權，以約束刑事司法體系中警察人員的行為，確保無辜者免於遭受不明之冤，已成為晚近民主法治國家的重要顯學[8]。

由此可以理解為何美國歐巴馬總統的警政改革，要把建立公共信任（building public trust）當成終極目標。反觀國內常聽到警察喊著要「捍衛警察尊嚴」，似乎把警察尊嚴當成目標，但回想皮爾爵士「警察就是大眾，大眾就是警察」的忠言，警察執法的價值追求應當加以澄清，真正的追求是公共信任而非捍衛警察尊嚴。

佛羅里達州立大學刑事司法教授凱爾・麥克林（Kyle McLean）等人以兩個轄區特性不同的警察局作調查，讓受測者自評心態傾向，結果發現兩種心態兼具是可能的，傾向守護者心態者，較重視溝通交流；傾向戰士心態者，則較重視控制，也可能較容易發生不當使用強制力的情形。整體而言，守護者心態的警察會重視執法過程的程序正義，能夠有禮貌與給予對方尊嚴地對待[9]。

2020年佛洛伊德案件後，各界更加要求美國警政改革，《腐敗：權力如何崩壞人性？》作者布萊恩・卡拉斯（Brain Klaas）認為過多關切是在如何改變已經有偏差行為的警察，他建議要從更源頭的警察招募階段著手，增加守護者心態的

8　Walker, S. (2011). *Sense and nonsense about crime, drugs, and communities.* Wadsworth Publishing Company.

9　McLean, K., Wolfe, S. E., Rojek, J., Alpert, G. P., & Smith, M. R. (2018). Police officers as warriors or guardians: Empirical reality or intriguing rhetoric? *Justice Quarterly, 37*(3), 1096-1118.

生力軍，建議仿效紐西蘭警察，優先錄取具同理心、主動關懷社區的應徵者，紐西蘭警察官方宣傳影片的文案是：「你關心別人到足以當警察的程度嗎？」（Do you care enough to be a Cop?）[10]，明顯有別於戰士心態警察的行事風格，守護者心態的警察可以更有效的推展犯罪預防，因為如果沒有民眾（社區）的協助，警察是無法有效預防犯罪，僅靠犯罪事件發生後的被動式反應或巡邏勤務是不足的[11]。況且，現在如果路上遇到大喊「抓賊」，最好的結局是警民合力逮捕，這也突顯治安扎根工作的重要之處。

參、以程序正義強化警民互動品質

法制面的程序正義主要從憲法、大法官解釋、行政程序法、刑法、民法、行政執行法等展現，尤其要求最嚴謹的是刑事訴訟制度，這與警察工作最相關；其次，刑事訴訟從早期「以發現真實為中心的證明力問題」逐漸移轉至「以正當程序為中心的證據能力問題」，法院更加審查警察的程序是否合法[12]。90年代隨著刑事訴訟法及特別刑事法令中針對程序問題的修正，已逐漸進入程序正義引導警察行為的時代[13]，因此警察對於程序正義的概念在刑事工作比較熟悉，涉及警察辦案的品質，最常發生在臨檢發動、搜索、扣提、犯嫌自白等態樣，法官可能認為有違反程序正義之處，所以判決當庭釋放或犯嫌

---

10 Klaas, B.（2022）。腐敗：權力如何崩壞人性（林金源譯），臺北：平安文化（原著出版於2021年）。頁90。

11 孟維德（2005）。警察與犯罪控制。臺北：五南。頁94-95。

12 許福生（2006）。論證據排除法則與警察因應之道。日新警察半年刊，5，78-86。

13 孟維德（2003）。警察與民主社會——警察角色定位之實證研究。中國行政評論，12(4)，1-42。

無罪，導致檢警做白工。這類討論範圍屬於刑事程序的證據能力，簡而言之，準則就是「程序不備，實體不論」，因為所有的正義都是從程序正義開始。

　　本書設定的討論範圍則是針對目前較少處理的警民互動部分，從美國警政改革的思維得知，警民互動的程序正義概念汲取了管理學領域之組織正義理論，核心概念是從組織層面探討員工對於公平（organizational-level fairness）的覺知，組織正義可由分配正義（distributive justice）、程序正義（procedural justice）與互動正義（interactional justice）等三個面向運作，早期研究多集中在結果的分配正義，然而，公平感的決定因素並非最終的分配結果，如今程序正義與互動正義愈來愈受到學者關注，對於組織的領導管理有重要作用。

　　程序正義與互動正義這兩類正義都發生在過程階段，程序正義強調決策過程是否雙向溝通，互動正義則注重決策執行方的人際溝通品質，對於警民互動很有啟發性。我國與美國警察執法的系絡不同，美國警察執法強度相對高，但我國警政發展有日治時期的淵源，1901年至1945年日本政府積極地從立法上賦予警察權限，「警察統治」不啻成為日本統治臺灣的代名詞，當時人們對警察莫不心生畏懼，那是警察尊嚴的頂盛時間，公權力範圍很大，但時代變遷，如今「警察大人」已經不是尊稱了，現在民眾對於警察情緒表達的敏感度較高[14]。

　　警民互動的程序正義雖沒有法律明確規範，但影響性不容小覷，對於推動社區警政更是關鍵能力；除了出示證件、告知事由外，還要掌握程序正義原則。如果警察盛氣凌人的樣子，民眾配合度大概不高。此外，警民互動不該是形式或表面工夫，有必要理解警民互動的本質追求，真正要確立的意義是，讓民眾認為警察的行為舉止是符合正當合法性。現在警察執法

14　林佳世（2005）。日治時期的臺灣警察。日新警察半年刊，**5**，158-161。

如果對待方式不符合民眾期望，也不太寬容，愈來愈多案件是因為態度不佳遭民眾投拆、檢舉，檢討此類疏失並非要求警察像服務業，把追求顧客至上、讓顧客開心滿意，混為一談；面對無禮的民眾，要查明的是執法過程是否有違程序正義。

　　本書參照國外警政研究與慣用詞，程序正義與互動正義不再作細分，併為程序正義來說明（如圖1-1）。

圖1-1　本書概念

　　為了能夠促進民眾的守法，警察不是一開始對民眾講出了法條依據，就等於依法行政，互動過程還有法律之外的程序正義層面要顧及，這意謂著警民互動的品質至關重要，每一次的接觸都代表民眾對警察的信任被強化或是被削弱。期盼透過本書的解說，讓警察擴大對程序正義的認知，真切明白這些互動的意義與影響，創造並採納全新的準則，全面性地讓程序正義素養扎根，在警民互動品質上精益求精。

本章要點

- 美國歐巴馬總統時期，提出《21世紀警政報告書》，架構美國警政的六大支柱，指引全球警政改革方向。
- 頭號支柱是「建立信任和執法正當性」，實踐作法之一是警察組織文化從戰士文化轉向守護者文化。
- 可從招募階段甄選出守護者心態的人員從警，具有同理心確保在警民互動中強化程序正義，避免不當使用強制力。

第二章

警民關係的評估：信任

壹、信任的價值

社會學者彼得・曼寧（Peter K. Manning）1977年出版的《警察工作》，指出警察最重要的產出是「信任」（trust），警察工作經常使用的武器是「對話」，而不是槍械、法律；警察不該動輒使用強制力或訴諸法律，因此溝通能力是關鍵。曼寧2011年出版《變遷世界中的民主警政》，強調警民信任是警政的基礎，尤其要注意因應媒體快速發展下，傳播與溝通的問題[1]。2014年曼寧來臺，並在臺灣警察專科學校發表演講，題目訂為「民主社會警政的核心」，他認為現今警察政策執行過程之所以受到民眾更嚴格檢視，是因為民眾期待警察要能夠展現民主、參與、公平、課責、透明等價值，因此要促進警政發展，包括程序與結果為基礎的信任評估，會比警察工作滿意度調查所得到的反饋更深入[2]。

2015年8月中央警察大學舉辦「全球警政研究高峰會」，邀請當時美國紐約市立大學約翰傑刑事司法分校（John Jay College of Criminal Justice）的校長傑若米・崔維斯（Jeremy Travis）發表專題演講，他在美國柯林頓總統時期擔任國家司法研究所所長，亦曾任紐約市警察局的首席顧問，演講題目訂為「建立公共信任：警民關係的基石」，他表示「信任」這個議題在美國警政改革非常熱門[3]。

歷史學者法蘭西斯・福山（Francis Fukuyama）1995年出版的《信任：社會德性與經濟繁榮》，盼為邁向21世紀

1　汪子錫（2014）。警察街頭執法與民眾對話衝突的語藝呈現與溝通策略。警學叢刊，**10**(2)，77-100。

2　陳斐玲（2016）。公民社會環境下我國警察所面臨的信任課題。臺灣警察專科學校警專學報，6(4)，69-86。

3　吳斯茜、高佩珊、陳佩詩（譯）（2015/12）。建立公共信任：警民關係的基石。執法新知論衡，11(2)，15-28。

提出建言，引起廣大迴響，書中分析各國經濟發展模式與文化因素，發現法律、契約、經濟理性只能為後工業化社會提供穩定與繁榮的必要卻非充分基礎，「信任」這個社會資本（social capital）則具有舉足輕重的價值。藉由比較不同信任程度國家所造就出企業規模大小差異，確認健康的資本主義經濟背後都有充足的社會資本，美國、日本、德國就屬於高信任度的國家，可以觀察人們在「自發社交性」（spontaneous sociability）的行為展現，讓信任對象得以擴大；然而，當人們愈窮苦，自發社交性也隨之低落[4]。

研究證實，與其他組織競爭優勢（comparative advantage）的因素相比，信任是競爭優勢的決定性因素，高信任度國家或地區能夠發展出更大更需要授權的行業；當公司規模限制在家庭成員或親近朋友的控制範圍內，勢必阻礙了公司的擴張，若能建立信任，有利於公司內部決策權的授權[5]。

福山從宏觀經濟面強調，如果一個社會內部普遍存在不信任感，如同對所有型態的經濟活動課徵稅賦[6]。當前猖獗的詐欺犯罪，警察除了犯罪偵查之外，投入許多「識詐」的犯罪預防工作，運用多元媒體、活動來介紹各式各樣的犯罪手法，亦不斷耳提面命地宣導民眾「零信任」，期望讓民眾提高警覺心、減少誤信；然而，值得關注這類宣導可能引發的副作用，如果減損了信任的社會資本，對於經濟發展恐有不利影響。

4　Fukuyama, F.（2004）。信任：社會德性與經濟繁榮（李宛蓉譯）。臺北：立緒（原著出版於1995年）。

5　Cingano, F. & Pinotti, P. (2016). Trust, firm organization, and the pattern of comparative advantage. *Journal of International Economics*, *100*, 1-13.

6　Fukuyama, F.（2004）。信任：社會德性與經濟繁榮（李宛蓉譯）。臺北：立緒（原著出版於1995年）。

如今21世紀全球經濟主流從有形經濟轉型爲無形經濟，展現在已開發經濟體對於無形資產的投資，有史以來首度超越了土地、機器和廠房等有形的資產[7]。當組織愈來愈仰賴看不見、摸不到的無形資產，人才流失對組織的破壞力也愈大，爲了控制這個脆弱性，組織就要強化成員間的知識分享，針對如何增進知識分享的行爲，機制包括：重視分享的組織文化、建立分享管道、提供知識管理系統、績效制度誘因、領導者鼓勵等。此外，社會網絡對於組織成員的知識分享能力具有顯著影響，特別在個人內在動機部分，信任是最受重視的解釋變項[8]。亦即，甲爲何要刻意提醒乙一些不在書面資料裡的細節，甚至將潛規則或工作眉角傳授給乙，代表甲乙兩人存在著信任基礎，而且彼此信任程度愈高，分享的程度亦愈高。至於人們在還未認識對方之前，則會透過聲譽（reputation）來判斷是否給予信任。

　　信任、聲譽影響有一個始料未及的實例。義大利的布拉朵（Prato）是紡織業的重鎮，1993年當地工業區開始推動電子市集平台，希望可以降低交易成本，初期有440家業者加入，一年後只剩下70家，最後分析失敗原因並非軟體技術問題，而是忽略當地文化因素。布拉朵的紡織業可以追溯自13、14世紀，多爲家族企業，可以相互支援、借料，布拉朵商人會整合接單和發包，但習慣面對面交易，發展長期關係，跟工作坊有信任基礎，很少簽訂正式契約，導入電子化後就違背了信任的關係脈絡。再者，電子市集雖然能夠掌握即時庫存、資訊透明化，但布拉朵商人考量如果揭露了資訊，可能讓人解讀該公

7　Haskel, J. & Westlake, S.（2019）。*沒有資本的資本主義：無形經濟的崛起*（許瑞宋譯）。臺北：天下文化（原著出版於2017年）。

8　胡龍騰（2008）。**組織成員知識分享行爲之影響因素：文獻、概念與命題**。論文發表於臺中：TASPAA年會暨夥伴關係與永續發展國際學術研討會。

司營運不好，或是個人管理能力不足，反而沒面子，因此對於加入電子市集卻步[9]。

貳、警察警譽與信任

第一章提到警民關係的概念發展，我國就警政現代化方案的「儀容」、「態度」、「效率」與「風紀」四大基本要求來觀察，如今警察的表現明顯進步很多，那警察聲譽的部分呢？

根據「2019臺灣社會信任調查」，針對14項角色（家人、醫師、中小學老師、基層公務員、警察、鄰居、社會上大部分的人、律師、總統、企業負責人、法官、政府官員、民意代表、新聞記者）的信任程度作調查，結果顯示，從2001年至2019年社會上，有10項角色的信任度評分上升，代表整體社會的信任程度提高。其中，以民眾對警察的信任度上升最多，2001年調查警察信任度為46.4%，2019年增加至76.5%，如此成果得來不易[10]。最近一次「2024臺灣社會信任調查」的結果，警察信任度排序仍位居第五名，評分為70.0%，略微下滑，這樣的聲譽要持續維繫對治安才有助益[11]。

警政署每半年以電話訪問方式進行「民眾對治安滿意度調查」，其中民眾對全國整體治安滿意度，以2019年下半年最高為71.93%，至近三年全國整體治安滿意度不斷下滑，2022年下半年因發生幾起特殊重大治安事件，經由媒體負面報導致使滿意度下滑至只有46.86%。另就民眾對居住鄉鎮市區警

9　蕭瑞麟（2017）。**不用數字的研究：質性研究的思維脈絡**（第四版）。臺北：五南。頁74-78。

10　遠見編輯部（2019/5/23）。2019臺灣社會信任調查結果出爐。取自https://gvsrc.cwgv.com.tw/articles/index/14810/1。

11　遠見編輯部（2024/5/17）。台灣人最相信誰？最新調查：「縣市首長」信任度勝過「總統」。取自https://www.gvm.com.tw/article/112824。

察整體服務滿意度的項目，調查結果最高爲2019年下半年之92.73%，在2020年至2022年間均維持近九成滿意度，顯示基層警察服務紮實獲得民眾肯定[12]。

另根據中正大學犯罪研究中心進行的「2023年全年度臺灣民眾對司法與犯罪防制滿意度之調查研究」，民眾對警察維護治安的滿意度有74.91%，似乎民眾對警察的工作表現尚稱滿意；但比較2020年滿意度爲85.4%，亦有出現下滑的跡象值得注意[13]。

2023年蓋洛普（Gallup）公布「全球法律和秩序報告」（Global Law and Order Report）指出，近期民眾對警察的信任度下滑最多的國家是美國，由2020年的82%下降到2022年的74%，分析主因是發生多起警察對非裔民眾過度執法的案件，重挫警察的聲譽[14]，美國民意傾向導致警察預算遭到刪減；原本美國警察的離職退休率就上升，再加上的預算不足，無法僱用人力，有些小鎮甚至關閉警察局。

警察信任問題攸關警民關係，良好的聲譽可以建立信任；反之，當聲譽受損的代價頗大，尤其網路的傳播力量是加速器，對於警察組織公關工作帶來更大的挑戰，監看並蒐集輿情的來源更廣，後續處理與對外回應有時效壓力，以免野火燎原。以警民街頭的對話衝突爲例，尚不足以構成危機事件，但如果民眾反蒐證、利用社群媒體發布，期望從網路訴諸公道，如有記者報導或再稍加評論，就隨即引爆了危機傳播[15]。正所

12 警政署統計室（2023）。「警政統計通報」（112年第16週）。取自https://www.npa.gov.tw/ch/app/data/list?module=wg057&id=2218。

13 中正大學犯罪研究中心（2024）。「2023司法與犯罪防制滿意度調查」調查結果出爐。取自https://deptcrc.ccu.edu.tw/index.php?temp=news2&lang=cht。

14 2023 Global Law and Order Report (2023). https://www.gallup.com/analytics/356963/gallup-global-law-and-order-report.aspx.

15 汪子錫（2014）。警察街頭執法與民眾對話衝突的語藝呈現與溝通策略。警學叢刊，10(2)，77-100。

謂「執法於街頭、決勝於空中」，端視社群媒體輿情的評論。

由此可知，聲譽的影響力超乎過往，當發生社會注目的警察負面事件，在過去網路不發達的時代，機關懲處的裁量主要針對當事人行為的破壞性，主要是違法事實明確，警察人員公領域與私領域不當行為的界線較清晰。如今在網路快速散播下，警察機關對於「破壞性」的內涵已經改變了，對於造成損害組織聲譽行為的寬容度愈來愈低，警察私領域的行為稍有不慎，就可能遭受懲處。例如，常見的是警察個人的網路貼文內容不當，即使當事人快速刪文，也早已被截圖傳開，此類案件就會視為影響警譽。

在商業上，道歉是挽回客戶信任的方式之一。經濟學家約翰・李斯特（John A. List）專長是現場實驗經濟學，他曾在Uber公司進行一項研究，如果乘客體驗不佳，要怎麼向乘客道歉比較好？因為體驗不佳的乘客，在接下來的90天內叫Uber的花費會減少5～10%，對公司營收影響可能高達上千萬美元。實驗針對曾有不佳體驗的乘客，分別用不同方式表達道歉，有一組收到基本的道歉信；另一組則是周到一點的道歉，內容承認造成這樣的事件是公司的責任；還有一種帶著懊悔的道歉，內容表示未來會避免同樣的錯誤。其中，有些信裡附上5美元乘車優惠券，然後追蹤他們使用Uber叫車情況。實驗結果，帶著悔意的道歉加上小小補償，效果最好，因為顧客覺得獲得這家公司的重視[16]。

參照上述的實驗結果，若屬於警察同仁工作疏失的事件，警察機關對事實經過查明清楚後，公關建議是可以馬上承認錯誤，一開始看起來好像是在承認警察判斷力、能力不足，

---

16 List, J. A.（2022）。*規模化效應：從A到A+，讓好創意擴大影響力*（廖月娟譯）。臺北：遠見天下文化（原著出版於2022年）。頁294-295。

但認錯同時也等於對外宣告警察是追求品格的職業[17]。雖然發生警察負面輿情的態樣太多，機關無法事前防範，但危機處理的最高原則是確保警察聲譽，因此誠摯懊悔的致歉，絕對是至佳良方。

　　針對警察領導的研究指出，有效警察領導力的首要特徵是「倫理」（ethical）[18]；領導者如果要建立「倫理領導力」（ethical leadership）的聲譽，就要理解聲譽主要來自於二個方面：作爲一個有道德的人（moral person）以及作爲一個有道德的管理者（moral manager），前者主要包括你是誰、你做什麼、你決定什麼，以及確保其他人認識到你這些方面；後者則需要成爲道德行爲的榜樣，定期就道德和價值觀進行溝通，並利用獎勵制度讓每個人都對價值觀和工作的標準負責。若擔任主管職務時，兩者皆需要，亦即僅僅關注自身是不夠的，還要帶動團隊提升職業道德[19]。

　　信任需要從組織文化打好根基。從信任與警察領導的觀點，警察工作需要團隊合作，因此領導人要重視信任的社會資本，尤其警察中、高階領導人的陞遷調動頻繁，每到新單位上任時，領導人應把建立部屬信任視爲優先要務；亦需關注團隊成員之間的信任程度，遇到勤務繁重、工作壓力大時，團隊能夠靠信任而相互支援，同心協力。

　　現在警察機關很重視網路的行銷，小編們紛紛挖空心思在經營社群媒體，但警察聲譽不一定是靠小編，例如2015年

17　Waller, D. & Younger, R.（2018）。**名聲賽局：個人、企業、國家如何創造與經營自己的名聲**（陳佳瑜譯）。臺北：遠流（原著出版於2018年）。

18　Pearson-Goff, M. & Herrington, V. (2013). Police leadership: A systematic review of the literature. *Policing, 8*(1), 14-26.

19　Treviño, L. K., Hartman, L. P., & Brown, M. (2000). Moral person and moral manager: How executives develop a reputation for ethical leadership. *California Management Review, 42*, 128-142.

美國總統歐巴馬到芝加哥，向全美警察首長演講時引述了一個警民互動的小故事。2014年12月阿拉巴馬州一名婦女強森（Helen Johnson），僅靠每個月120美元的社會福利基金要養活一家5口，因當月未收到支票，她拿著僅有的1.25美元去買雞蛋，但還差了0.5美元，就偷了幾顆放在口袋，不料蛋破掉被店家發現，遂報警處理。警員史泰西（William Stacy）到場了解後，並沒有逮捕她，還買了一盒蛋送給她，然後他跟店家商量不要提告，獲得店家同意；強森深感抱歉與意外，臨走時她擁抱了史泰西，這一幕被民眾拍下並在臉書貼文，引起廣大迴響，事後警局募集大批物質送到她家中，好讓這家人的聖誕節不虞匱乏[20]。

另一則是2018年美國加州一名退休警官回憶錄裡所記載的故事，拍攝了一段非常感人的聖誕節溫馨影片，上傳在社群網路平台上以感謝警察為大眾所提供的服務。該故事描述在一個雪花紛飛的平安夜晚，這名加州警官回憶起退休前發生於歷年來的平安夜往事。透過壁爐裡的火光，許多往事似乎都慢慢呈現在他的眼前，當他憶及處理一名酒駕婦女不幸斷送生命於平安夜裡的回憶時，為了通知該名婦女的親屬，他駕車前去婦女住所輕敲破舊門板時，該名退休警官依然可以清楚記得是一位4歲小女孩應門道：「我是Sue Mckay」，當時警官問小女孩爸爸是否在家，在經過一段沉默的時間後，她才說：「爸爸離開了我們，你一定是聖誕老人。媽媽說：你今晚一定會來的，只要我安心睡覺，還會帶給我一個漂亮的洋娃娃。」那天平安夜警官違反了加州政府的法規，沒有打電話給兒童福利機構，因為他認為機構只會把小女孩隨便扔到一個安置住所去，警官無法忍受這樣的事，於是警官接小女孩上車並且把她帶回

---

20 李宗勳（2016）。再探美國警政變革思維的變與不變──以信任關係及執法正當性為核心。中央警察大學警察行政管理學報，**12**，101-120。

家，由妻子輕輕的將這名小女孩抱到床上，並且給她一個如媽媽所說的漂亮洋娃娃。不久之後，小女孩被一個充滿愛心的家庭收養了。

　　這名警官永遠不會忘記那個平安夜的事，還有那個小Sue Mckay所經歷的心酸平安夜。當警官持續孤身一人回想起每個平安夜為民眾所做的一切時，他總覺得一切是值得的。他想著上帝、他的工作、他的孩子們和他的妻子。他問自己：「如果重新再活一次，我會做出同樣的事嗎？」突然，門外傳來了敲門聲，這麼晚了會是誰呢？寒風中一個州警莊嚴地站在門口。退休警官心想：上帝啊！今晚又是誰殉職了？腦海中閃現著過去那些年裡，是如何經常站在別人家的門廊裡帶給他們那些不好的消息，但是看著這個州警的眼睛，退休警官的反應頓時有點遲疑，他看到了一張充滿愉悅面容的女性州警，微笑著並和退休警官握手，但是沉默沒有就此打斷，直到一滴眼淚從她的臉頰滑落，接著她柔和地輕聲說道：「我想您應該已經記不得我了，但是我還是想在您這兒停留一下並對您說：願上帝在這個平安夜保佑您，我是Sue Mckay警官。」並秀出當年這位退休警官送給她背面寫有祝福文字的警徽臂章，最後兩人相擁而泣。

　　永遠不要錯失傳遞善意的機會，這將改變一個人的人生！

　　其實國內這類暖心故事並不少見，在網路上只要搜尋「暖警」二字，便可找到難以計數的案例。內政部警政署督察室每月皆定期在官方網站公告「警馨情」之忠勤事蹟，以彰顯溫馨關懷民眾的一面。警察廣播電台亦有「暖心助人　有警真好」的系列報導，各縣市警察局官方網頁亦不乏此類報導，這些都是警察扮演守護者角色的體現，讓警察整體獲得更佳的聲譽，也讓民眾更信任警察。

參、與社區建立夥伴關係

在2015年崔維斯校長的專題演講指出，就美國紐約市的統計數據，2013年約有9萬件重罪逮捕，但在同年有近十倍情節較輕的執法行動，顯示警察大多數執法只涉及輕微違法行為，而非重大罪行；但為什麼這些互動是極為重要的事呢？在企業界這便是所謂的「服務接觸」（service encounters），尤其是第一線銷售或服務人員和顧客之間的互動。將此概念應用在治安工作上，警察應該把每次互動視為提高民眾信任的機會。反之，對警察的不信任可能導致社會動盪，以及不公平感受的惡化，因此要確保警民之間的互動品質，並加強社區警政，以期提高信任度。

被害經驗會影響對警察的信任度。例如，有某位民眾的家中遭竊報案，警察姍姍來遲，巡視一下現場，語帶指責的說為什麼要在家中放這麼多財物，最後臨走時還表示，這種案子很難破[21]。上述情況不僅使民眾產生對社會治安惡化的聯想，警察處理方式也讓民眾對警察的信任下滑；還有另一個值得注意的面向是「被害恐懼感」（fear of crime），也是警民互動要強化的重點。

犯罪被害者和恐懼者是否為同一群人？根據國內相關研究分析，就犯罪被害者人口特性而言，除性侵害犯罪外，大多數犯罪被害人以男性居多，教育程度為國中、年齡在21～40歲之間，收入則隨犯罪類型而有不同。但女性、年長者、低教育階層、低收入及獨居（寡婦、離婚、獨身）者，其被害恐懼較高，反映出他們覺得自己防衛力薄弱，以及犯罪可能對他們產生嚴重的後果，故犯罪被害者和高恐懼者可能不是具有相似人

21 孟維德（2005）。警察與犯罪控制。臺北：五南。頁406-407。

口特質的一群人[22]。

　　警政效能的客觀指標可以從降低犯罪率來觀測，但犯罪恐懼感比犯罪本身影響更廣，研究指出可能的負面連鎖效應爲：「被害經驗→犯罪恐懼感→生活滿意度→警察信任」，表示個人的被害經驗會導致恐懼感，生活因而提心吊膽，在不安穩的情況下，對警察的信任較不足；即使本身並非被害者，犯罪事件在社群媒體的渲染下，輿論可能引發民眾負面情緒，產生對治安的疑慮，亦影響到對警察的信任[23]。

　　筆者在多年前即親身經歷了被害經驗所產生的被害恐懼感，進而影響家人對於警察的信任。當時筆者家中發生侵入住宅竊盜（burglary）案件，疑似犯嫌仍在家中，筆者第一時間立刻透過手機報案，而轄區帶班巡邏之派出所副主管，在接獲110勤務指揮中心的通報後，立刻馳赴案發現場，所有員警荷槍實彈，從筆者家中的一樓至五樓採地毯式搜索方式，期望能夠緝捕犯嫌，惟嫌犯早已逃之夭夭，過程中警察機關展現了快速反應的處理速度，雖然沒有緝獲犯嫌，卻仍按照流程完成各項案件處理作業，惟後續警察勤務區員警並無續行關懷或治安風水診斷的協助，致使家人對於自覺最安全之城堡——「家」，遭到陌生人入侵的恐懼感，久久未能消退，無形中間接地影響家人對於警察的信任感。

　　環境的影響很大，社區失序是產生犯罪恐懼感的重要因素[24]。因此，警政署歷年「民眾對治安滿意度調查」，其中一個項目是詢問民眾對居住社區（或住家附近）整體治安滿意

22　陳玉書（2004）。社會治安與犯罪被害恐懼感。**中央警察大學犯罪防治學報**，**5**，39-58。

23　許博洋、周由、孫懿賢（2022）。功能性—表達性模型與中國警察信任——基於全國樣本的多重中介與模型分析。山東大學學報，**3**，52-64。

24　劉建宏、Steven Messner、張樂寧、卓越（2008）。犯罪被害恐懼感產生機制——社區失序的作用。犯罪與刑事司法研究，**11**，27-62。

度，區域範圍愈小，愈能反映民眾對治安的真實感受。此外，從被害者的角度思考，不要忽略了事後的關懷行動，目標是盡早恢復民眾的安全感。

　　基本上，民眾與警察的接觸經驗會影響民眾對於警察的滿意度，進而影響夥伴關係的建立。警民之間的接觸方式可以分為民眾主動與警察接觸，或警察主動與民眾接觸兩種類型[25]。認為就接觸的本質而言，民眾自願性地與警察接觸，對警察的觀感會比較正面；而民眾非自願性地與警察接觸結果，民眾對於警察的觀感會比較偏向於負面，已有很多的研究支持這樣的論點[26]。1988年英國犯罪調查（British Crime Survey）報告指出，民眾主動與警察接觸的樣態中發現，民眾打電話給警察、親自到派出所或在街頭詢問警察相關訊息時（例如發生交通事故時），民眾通常會比較滿意[27]。然而，民眾向警察反映侵擾事件、妨害安寧問題或可疑人物等，民眾所獲得的對待通常比較不滿意，至於因為犯罪被害而報案的話，其滿意度最低，而且不滿意度非常的顯著[28]。在美國的研究結果亦獲得相同的結論，因為犯罪被害而報案者，被害者與警察接觸的滿意度低於

25　Decker, S. H. (1981). Citizen attitudes toward the police: A review of past findings and suggestions for future policy. *Journal of Police Science and Administration*, *9*(1), 80-87; Skogan, W. G. (2006). Asymmetry in the impact of encounters with police. *Policing and Society*, *16*, 99-126.

26　Schafer, J., B. Huebner, & T. Bynum (2003). Citizen perceptions of police services: Race, neighborhood context, and community policing. *Police Quarterly*, *6*(4), 440-468; Skogan, W. G. (2005). Citizen satisfaction with police encounters. *Police Quarterly*, *8*, 298-321.

27　Rosenbaum, D. P., A. M. Schuck, S. K. Costello, D. F. Hawkins, & M. K. Ring (2005). Attitudes toward the police: The effects of direct and vicarious experience. *Police Quarterly*, *8*, 343-365.

28　Mayhew, P., D. Elliott, & L. Dowds (1989). *The 1988 British Crime Survey*. London: Her Majesty's Stationary Office.

其他各種不同類別的警民接觸滿意度[29]。Schuck等人的研究發現，無論社區特性如何，負面接觸經驗感受會導致民眾對於警察績效的不滿意[30]。同樣地，Huebner的團隊研究指出，民眾因需要協助而主動尋求警察服務時，若接觸的經驗不滿意，將會影響民眾對於警察整體的滿意度[31]。

　　警民接觸的另一種類別是警察與民眾非因特殊自願，或非自願性的警民接觸的情境。這種接觸的原因通常是非正式性的發生在社區鄰里之中，例如警察在社區街道或教堂與民眾友善地聊天，猶如我國家戶訪查的情境，但是嚴格來說，家戶訪查屬於警察勤務方式之一種，其性質應屬於警察主動與民眾接觸的類型。Brandl指出這樣的接觸方式會讓民眾經由互動的過程而對於警察產生一定印象，而且會強化原先對於警察好感的認知[32]。如果民眾對於警察有良好的印象並享受與警察聊天的經驗，他們通常會比較肯定警察的表現[33]。此外，Schuck和

29　Bordua, D. & L. Tifft (1971). Citizen interviews, organizational feedback, and police-community relations decisions. *Law & Society Review*, 6, 155-182; Skogan, W. G. (1990). *The Police and Public in England and Wales: A British Crime Survey Report*. HORS 117, HMSO: London; Smith, D. A. (1983). *Police and people in London: A survey of Londoners*. London: Policy Studies; Walker, D., R. Richardson, O. Williams, T. Denyer, & S. McGaughey (1972). *Contact and support: An empirical assessment of public attitudes toward the police and the courts*. North Carolina Law Review, *51*: 43-79.

30　Schuck, A. M., D. P. Rosenbaum, & D. F. Hawkins (2008). The influence of race/ethnicity, social class, and neighborhood context on residents; attitudes toward the police. *Police Quarterly*, *11*, 496-519.

31　Huebner, B. M., J. A. Schafer, & T. S. Bynum (2004). African American and Whites perceptions of police services: Within and between group variation. *Journal of Criminal Justice*, *32*, 125-135.

32　Brandl, S. G., J. Frank, R. E. Worden, & T. S. Bynum (1994). Global and specific attitudes toward the police: Disentangling the relationship. *Justice Quarterly*, *11*: 119-134.

33　Cheurprakobkit, S. (2000). Police-citizen contact and police performance: Attitudinal differences between Hispanics and non-Hispanics. *Journal of*

Rosenbaum亦發現，社區與警察良好的互動經驗對於民眾願意參與社區事務具有顯著的相關性[34]。

　　警察處理民眾事務的過程，即警民直接接觸的經驗，也是解釋民眾是否喜歡警察的因素[35]，這樣的接觸經驗與民眾對警察的態度之間具有相關性[36]。而警察受理被害人報案是警民接觸的行為樣態，研究顯示警民直接接觸的經驗與民眾是否滿意警察的服務，通常會受到民眾過去與警察初次接觸的經驗而有很大的影響。

　　然而警民接觸經驗之社區警政工作的建立夥伴關係，設法打破與社區的冷漠與生疏，增進公共安全，累積民眾信任[37]，是提升民眾對警察滿意度和降低被害恐懼感的重要策略。行政院於2005年提出「臺灣健康社區六星計畫」，警政署研究發現，社區治安的成功是當地居民主動自願地奉獻、執行公民義

Criminal Justice, 28(4): 325-336; Hunag, W. & M. S. Vaughn (1996). Support and confidence: Public attitudes toward the police. In T. J. Flanagan & D. R. Longmire (eds.). *Americans view crime and justice: A national public opinion survey* (pp. 31-46). Thousand Oaks, CA: Sage; Worrall, J. L. (1999). Public perceptions of police efficacy and image: The "fuzziness" of support for the police. American *Journal of Criminal Justice, 24*, 47-66.

34　Schuck, A. M. & D. P. Rosenbaum (2005). Global and neighborhood attitudes toward the police: Differentiation by race, ethnicity, and type of contact. *Journal of Quantitative Criminology, 21*, 391-418.

35　Tyler, T. R. (1990). *Why people obey the law*. New Haven: Yale University Press.

36　Furstenberg, F. F. & C. F. Wellford (1973). Calling the police: The evaluation of police service. *Law & Society Review, 7*, 393-406; Reising, M. & R. Parks (2000). Experience, quality of life, and neighborhood context. *Justice Quarterly, 17*, 607-629; Schuck, A. M. & D. P. Rosenbaum (2005). Global and neighborhood attitudes toward the police: Differentiation by race, ethnicity, and type of contact. *Journal of Quantitative Criminology, 21*, 391-418; Schuck, A. M. & D. P. Rosenbaum (2005). Global and neighborhood attitudes toward the police: Differentiation by race, ethnicity, and type of contact. *Journal of Quantitative Criminology, 21*, 391-418.

37　李宗勳（2015）。再探美國警政變革思維的變與不變——以信任關係及執法正當性為核心。**警察行政管理學報**，12，101-120。

務、預防犯罪以減低被害恐懼，進而產生的安全與認同感，增強了社區凝聚 [38]，過去臺灣在推動社區治安工作的過程中，透過警察機關的努力，逐步將社區治安工作由「以警察為中心」的模式，逐步發展至標竿社區之「以社區為中心」的模式，這些成果皆顯示了社區居民「自發社交性」行為的效果。

　　2023年7月警政署「推動社區警政再出發工作執行計畫」，目的為彰顯警力有限、民力無窮，提升警民合作效能，透過以問題為導向的警政策略，從服務民眾出發，建構警民夥伴關係，促使民眾提供社區潛在犯罪現況，並由警政機關提出偵防策略及查緝手段，共同解決犯罪問題，保護社區民眾安全，以達犯罪偵防及為民服務之目標。根據該計畫訂定的執行策略，包括：

一、掌握社區動態、落實查訪工作。

二、主動關懷社區、深耕警民互信。

三、激發民眾參與、強化自衛能量。

四、積極融入社區、營造警民和諧。

　　其中，與本章節最直接相關第二項「主動關懷社區、深耕警民互信」，計畫內容如下：

(一) 執行失蹤人口查尋及被害人關懷等服務事項。

　1.警察機關對於失蹤人口報案，應不分本轄或他轄立即受理，不得拒絕或推諉。

　2.警察機關受（處）理婦幼失蹤人口案件稍有疏忽易釀成重大刑案，是類案件應有高度敏感性，必要時比照重大刑案列管偵辦。

(二) 積極訪查發掘弱勢家庭及脆弱家庭給予協助關懷及通報。

　1.員警執行警勤區訪查時，如發現亟需關懷照顧及急難救助

38　崔培均、游士嫺（2010）。社區治安指標之初探。主計月刊，658，49-56。

之對象（如弱勢家庭、脆弱家庭、中低收入戶或其他需社會救助者），應立即通報當地社政機關或民間社福團體予以協助。

2. 分駐（派出）所運用守望相助隊、義警、民防、志工、民間團體等社區資源，深入社區關懷轄內弱勢族群，強化為民服務效能。

(三) 主動參與社區各項集會、公益或社團活動，建立互相信賴之夥伴關係。

1. 分駐（派出）所正、副所長可透過各式勤務率領勤區同仁主動走入社區（村里長辦公室、共餐中心、廟宇、教會或原鄉部落等）與民眾聯絡互動，以了解轄區人、事、地、物之動靜狀況，積極強化治安情資蒐集。

2. 員警應主動參加社區組織辦理之座談會、相關訓練、講習、活動等，並分送犯罪預防宣導警語、貼紙及卡片等文宣品，提供防盜、防詐騙、反毒等最新訊息，建立夥伴互信關係。

(四) 強化為民服務方式，妥適受理社區民眾對影響治安與其他有關警政建議事項。

1. 各警察局應依據「警察機關辦理身心障礙者申請自願捺印指紋作業規定」推廣失智長者指紋建檔工作，以提高失蹤尋獲機會。

2. 警察機關因應地方特性，規劃適切可行之為民服務方式或創新精進作為。

雖然警政署宣布2024年7月1日停止辦理該計畫，因此不再評核，以減輕基層同仁負擔，但如能從信任的觀點來理解，就無關計畫的存續與否，而是把握每一次與民眾接觸的機會，只要有助於提高民眾對警察信任的作為，多多益善。例如，警政署的網站經常發布各機關為民服務的事蹟，很多警察也會轉介急難救助資源給需要的民眾，在工作上有機會正向改變他人

生命,將能體驗到警察這項助人職業的意義,希望民眾或媒體能多多報導,散播良善的價值,也會激勵更多警察。如同第一章提到的警察文化變革,這是守護者文化的展現。

更進階的作法是「情境預防策略」,了解易發生犯罪的場所或區域,協助進行環境改造,讓環境更宜人,進一步減少犯罪機會。例如英國的足球流氓(football hooligans),他們平日有固定工作,卻會在球場看比賽時,開始大暴走,到處破壞、鬥毆造成治安威脅。不過,1990年代後足球流氓的犯罪率開始下降,主要原因是塑造反暴力的氛圍,球場設計改造為適合全家來看比賽的環境,吸引更多女性和兒童。各球隊也列出禁止入場的球迷黑名單,避免他們煽動暴力情緒[39]。

在公車上也可以運用情境犯罪預防,2017年7月美國肯塔基州路易斯維爾市,有3名乘客在公車上發生爭執,其中一名乘客槍殺了一名17歲少年,當時市長要求運輸業者除了架設監視器和緊急無線電設備外,要再想想其他辦法提升乘客的安全感。結果公車司機們研議後,決定以新的角色「安全大使」來定位自己的工作,他們改變以往只是開車、收票的方式,主動跟乘客問好、眼神交流、看顧車內狀況,乘客也都感覺更舒適、受到關心[40]。據媒體報導,國內有一位公車司機,一開始開車很暴躁、常按喇叭,結果就被客訴,後來他決定調整自己,他想讓大家上班心情好一點,就主動跟乘客說「你好,早安!」,愈來愈多乘客也會說早安。有一天主管交給他一封信,某位學生說那一陣子每天都不開心,因為常搭到他的車,聽到親切的問候心情就好多了,他把那封信拍下來存在手機

39 Gash, T.(2022)。被誤解的犯罪學:從全球數據庫看犯罪心理及行為的十一個常見偏誤(二版)(堯嘉寧譯)。臺北:臉譜(原著出版於2016年)。頁320-334。

40 McGonigal, K.(2016)。輕鬆駕馭壓力:史丹佛大學最受歡迎的心理成長課(薛怡心譯)。臺北:先覺。頁183。

裡，讓他維持工作的熱忱，他的心願是希望改變大家對公車司機的看法[41]。

其實臺灣便利商店的各項設計亦同時兼具「安全」的功能，無論是空間上有明亮的燈光、透明的玻璃、自動門開啓之鈴聲，或是店員親切的問候聲，除了提供顧客更舒適的服務環境外，同時也提升了場所的安全性。各派出所和轄內超商都有聯繫機制，有些店員很機警，遇到危機或疑似犯罪狀況馬上通報，這是重要的夥伴關係。另有暖警案例，半夜12點接到民眾報案稱某超商的店員身體不適，員警趕到現場後，發現店員患有慢性病但上班忘記帶藥，馬上叫救護車，但店員擔心耽誤營業而不願上救護車，員警爲了勸說店員就醫，說願意站在櫃檯代班一下，店員聽了才同意，也避免超商無人看管而造成財物損失，後續進來的民眾見狀都很驚訝[42]。

綜上所述，警察機關可以從環境生態的角度，檢視與研究如何改變犯罪滋生的條件，無論是克拉克（Ronald Clarke）的情境犯罪預防理論（Situational Crime Prevention）、科恩（Lawrence E. Choen）和費爾森（Marcus Felson）的日常活動理論（Routine Activity theory）或是奧斯卡·紐曼（Oscar Newman）的防衛空間（Defensible Space）概念等，皆環繞著透過環境的改造以達到預防犯罪的效果，也就是營造不適合犯罪的情境，同時整合更多外部資源與人力，導入情境預防犯罪的創新作法，目標是更持久地減少在這些地點的犯罪發生，守護民眾安全。

41　簡竹書（2023）。寫信的陌生人你現在好嗎。鏡週刊，330，6-7。

42　廖順德（2024/8/1）。台西警「代班」超暖心 超商危機警員臨櫃守護。取自 https://news.st-media.com.tw/news/40259。

本章要點

- 信任推動社會繁榮，警政工作的目標亦當是建立公共信任。
- 警察的聲譽會影響民眾信任，整體趨勢對於損害警察組織聲譽行為的寬容度愈來愈低。
- 推動社區警政是增加與民眾接觸的機會，也藉此提高民眾對警察的信任，多建立夥伴關係。

第三章

程序正義的內涵

壹、過程vs.結果

專長「組織正義」（organizational justice）的哥倫比亞大學商學院教授喬爾‧布洛克納（Joel Brockner）說：「一切盡在過程中。」這句話很有智慧，因爲過程是如何經歷的，至關重要。這句話相對的是「以成敗論英雄」，用結果決定一切，一旦失敗或結果不如預期，就以爲一切的努力白費了，甚至可能會迷失在爲達目的不擇手段。

事實上，組織正義（或譯爲組織公平性）相關研究的發展，最初是從結果論開始的，因爲員工會根據結果的分配來評估公不公平，所以早期研究焦點集中在分配正義（distributive justice），但後來發現員工在過程中的感受也有很大的影響，因此1980年代至今逐漸轉移至程序正義（procedural justice），伴隨著人際互動的因素，再結合互動正義（interactional justice）的概念[1]。簡而言之，組織正義的概念包括分配正義、程序正義與互動正義等三項，分配正義係探討結果分配之公平感知，程序正義是決策過程的處理方式，互動正義則是關注於人際之間的對待。

通常人們面對好結果或好消息，過程品質良窳就不見得太在意，然而，遇到壞結果或壞消息的情況，感受就明顯不同了。組織行爲學者傑拉德‧葛林柏（Jerald Greenberg）針對兩間要減薪的工廠進行研究，一間工廠代表以冷漠簡短的模糊方式向員工宣布減薪，另一間是提出完整解釋，表示資訊透明，再對員工表達關懷，統計事後工廠的失竊率，前者是後者的兩倍[2]。因此，建議企業領導人，遇到經營不善時，除了出

1　Bies, R. & Moag, J. R. (1986). Interactional justice: Communication criteria of fairness. In R. J. Lewicki, B. H. Sheppard, & M. H. Bazerman (eds.), *Research on negotiations in organizations*, *1*, 43-55. Greenwich, CT: JAI.

2　Greenberg, J. (2000). Promote procedural justice to enhance acceptance of work

面說明減薪理由，然後眞誠表達遺憾外，還有一個前提是要確保過去行爲紀錄，讓員工認爲這位領導人作風是言行一致、值得信任，這樣員工才願意共體時艱，而不是另謀他就[3]。

　　本書主要探討程序正義，焦點就是在過程的處理。以組織爲例，通常難以預料災禍降臨，如果領導階層過程處理拙劣的話，員工在受到打擊之下，可能產生負面行爲反應，因此壞結果與壞過程是最危險的組合，要小心後續可能要處理更多麻煩事（如圖3-1、表3-1）：

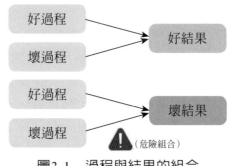

圖3-1　過程與結果的組合

表3-1　過程處理方式的影響

處理方式	好過程	壞過程
好結果	感覺很棒	普通
壞結果	比較可以接受	小心，會衍生麻煩

　　由於組織正義係員工針對組織的決策、資源分配、績效評估、獎懲及人際互動關係等是否公平的感知與主觀評價，如

---

outcomes. In E. A. Locke (ed.), *The Blackwell Handbook of Principles of Organizational Behavior* (pp. 181-195). Malden, MA: Blackwell Publishers.

3　Brockner, J.（2017）。目標不講仁慈，但做事不需要傷痕（簡美娟譯）。臺北：大寫（原著出版於2016年）。頁55。

果員工認為不公平的話，後續生產力可能下降，乃至於要不要對領導者忠誠，影響層面頗大。採用參與式管理的風格會讓員工比較容易感知到程序正義，尤其現在職場工作者主力是千禧世代（1980年至1995年出生）和Z世代（1995年後出生的網路原生代），他們對公平性的敏感度較高，而且不會畏懼挑戰權威，這表示傳統威權式領導風格愈來愈不奏效了。甚至有雇主反應現在年輕人說辭職就辭職，不會事先知會老闆；或與主管一言不合，然後半夜傳個Line說不幹了！[4]其實這種現象亦常出現在臨時受聘於公部門的年輕人身上，讓主管措手不及。

再以醫療體系舉例會更容易理解為何要重視程序正義。沒有任何醫生能保證手術萬無一失，然而2011年11月《今周刊》報導指出，臺灣醫師的犯罪率「世界第一」，平均每38.8天就有一位醫師被定罪，導致最優秀的年輕醫師紛紛棄守「五大科」（內、外、婦、兒、急），避免面臨刑事訴訟的高風險[5]。美國醫界有句名言：「事前一盎司告知，勝過將來在法院一磅的解釋。」統計超過八成的醫療糾紛源自於醫病關係與溝通不良，包括醫護人員不適當的言行舉止與批評；沒有仔細聆聽病人陳述；對病患或家屬的抱怨不立即處理；病情與醫療說明不詳細；未告知治療併發症或副作用等[6]。如今國內的醫學教育已經體認到，讓醫學院學生重視醫病關係，加上國家考試實施「客觀結構式臨床測驗」（Objective Structured Clinical Examination, OSCE），以情境化的評量方式，突破筆試限制，檢定醫學院學生的臨床技能與溝通技巧。

4　艾莎解結的人生研究室（2022）。年輕部屬一言不合就離職，半夜傳Line說不幹了！職場主管嘆「我太難了」。取自https://blog.104.com.tw/how-to-manage-the-young-generation/。

5　燕珍宜（2012/11/3）。醫療糾紛不斷 台灣醫生「犯罪率」世界第一。取自https://www.businesstoday.com.tw/article/category/80392/post/201111030017/。

6　張曉卉（2008）。醫療糾紛碰到了怎麼辦。康健雜誌，110，120-128。

　　醫療體系另有從信任觀點來反思，愈來愈多的醫療糾紛可以視為醫生與病人的信任關係弱化，因為現代醫療體系不斷朝向企業化經營的同時，也把醫生與病人互動導往功利方向，醫生在業績考量下，花在病人身上的時間愈來愈少，更不太會寒暄問候，才得以看診速度加快，所以病人對醫生的信任感亦愈來愈低[7]。無論醫病關係或警民關係，程序正義與信任都是環環相扣的。

　　上述解釋了壞過程與壞結果的例子，因為這是最糟的組合。接下來介紹一個好過程與好結果的實例：紐約知名餐廳——麥迪遜公園11號（Eleven Madison Park）。《超乎常理的款待：世界第一名餐廳的服務精神》書中，身為總經理的威爾・吉達拉（Will Guidara）希望帶領餐廳登上巔峰，決定啟動變革，他的想法是：「如果我們把熱情、對細節的注重以及對食物的嚴格要求，同樣投注在款待上，會有什麼樣的結果？」於是他提出了新的定義：「把正確餐點送到正確的桌號給點餐的人，這叫作服務。但是，和你服務的人真心互動，與人建立真誠的連結，這就是款待。」

　　這個經營策略果然獲得豐厚回報，麥迪遜公園11號餐廳拿下米其林三星，2017年更登上「世界五十大最佳餐廳」的榜首。款待概念除了把餐廳服務拉高到前所未見的層次，組織創新之一是設立了專職的「織夢人」（dreamweaver），讓才華洋溢、創意十足的員工不斷刷新客戶的驚喜。最重要的是，吉達拉不僅對待顧客如此，同樣的態度也發揮在團隊領導工作上，他主張領導人的責任是發掘團隊成員的長才，讓員工感受到尊重，並打造合作的文化，然後他們就會自我精進。他在員工第一天就職的時候會說：「我們僱用你是有理由的。我們

7　葉永文（2012）。醫病關係：一種信任問題的考察。**台灣醫學人文學刊**，13（1、2），77-104。

知道你能有所貢獻，而我們迫不及待想要看你能做些什麼。」該書充分體現出精緻餐飲業的一絲不苟，如果要達到米其林摘星、世界最佳餐廳的目標，這需要內、外場的全部員工願意追求卓越，不斷精益求精[8]。

貳、執法過程的情緒面

「警察人員最重要的工作品質是情緒管理。」這是出自現代警察之父——羅伯特‧皮爾爵士（Sir Robert Peel）的見解[9]。對於警民互動過程最簡單的理解是所謂的「情、理、法」，第一個情字除了一般通念解釋為人情，在此處的解讀是優先處理情緒面向。

自1987年2月28日實施「積極改善員警服務態度實施要點」，2009年1月31日將名稱修正為「改善員警執勤態度實施要點」，可以理解情緒面向對執勤的重要性，根據第六點列出二個重要事項：

(一) 利用勤前教育、常年訓練或聯合勤教等集會，加強宣導同理心及服務態度重要性，並適時表揚服務態度優良員警。

(二) 處理民眾陳情或投訴案件，應客觀妥慎查處，嚴禁偏頗；員警非有口出惡言、不當用語或發生肢體衝突等具體情事，為維護警察執法尊嚴，宜從輕議處，並將缺失案件，列入案例檢討。

即使非面對面的警民互動，也要注意情緒面向，例如「165反詐騙諮詢專線」負責受理民眾有關詐欺犯罪之諮詢、檢舉及報案，24小時全年無休，曾榮獲「政府服務品質

8　Guidara, W.（2023）。*超乎常理的款待：世界第一名餐廳的服務精神*（廖月娟譯）。臺北：天下文化（原著出版於2022年）。頁21、181。

9　章光明（1996）。各國警政發展歷程之簡述。**警政論叢**，**6**，1-28。

獎」。因為受理的話務量不斷增加，考量人力編制，曾有人提議不妨使用科技協助，類似客服的聊天機器人，但刑事警察局評估後表示，民眾打進來時需要有人可以穩定情緒，所以暫不考慮。一般電話客服人員衡量工作績效是計算平均通話時間、通話數，從過程品質的觀點，165專線是比較人性化的作法，因為同仁不只要處理詐欺案件，也要關懷民眾的情緒層面，不宜忽略民眾感受而草草了事。

疏忽情緒的後果可能很嚴重，紐約時報暢銷書《解密陌生人：顛覆識人慣性，看穿表相下的真實人性》作者麥爾坎‧葛拉威爾（Malcolm Gladwell）在書中一開頭呈現了2015年7月10日下午在美國德州鄉間公路發生的交通違規案件，一名白人警察攔查一名非裔女性駕駛，認為她變換車道沒有打方向燈，可是她不配合下車而被逮捕，3天後竟在牢房自殺了，當時警察執法過程都被拍攝下來且影片公開。葛拉威爾一字不漏地把警民對話內容展開，以理解關鍵轉折；其中一個轉折點他判斷是這名警察「因為權威受到挑戰，他的火氣上來了」，此後衝突就逐漸升溫了[10]。

此類案件在國內亦不陌生，指標性案件是2021年4月22日上午桃園市政府警察局中壢分局葉姓員警，執行巡邏勤務時盤查一名詹姓女子，要求查證身分遭到詹女質疑，葉員聽到詹女口出「你真的很蠢」一語後，遂以柔道的大外割將其摔倒並逮捕上銬，以妨害公務送辦。但本案引發社會熱議，監察院調查後於2022年3月提出侵害人權的糾正案；2023年1月桃園地方法院判決，葉員犯公務員假借職務上之機會強制罪與剝奪他人行動自由罪（詳細敘述見第六章之說明），警界認為本案如此重判是開先例，針對警察情緒失控付出的代價，藉此提醒關注

10　Gladwell, M.（2020）。解密陌生人：顛覆識人慣性，看穿表相下的真實人性（吳國卿譯）。臺北：時報（原著出版於2020年）。頁384。

警察本身的情緒面。

　　讓「情商」（Emotional Intelligence）概念家喻戶曉、被喻為EQ之父的暢銷作家丹尼爾‧高曼（Daniel Goleman）認為，執法人員能動用最少武力完成任務，才是最可貴的能力。如果出現火冒三丈、亂發飆的情況，代表負責決策、抑制衝動的前額葉功能無法發揮，在方寸大亂之下，難以用理智判斷，此時快速做出的反應不但無法解決問題，甚至會留下爛攤子，所以要學習調節自己情緒。

　　此外，高曼並不認同柏克萊大學教授亞莉‧霍奇查爾德（Arlie Hochschild）提出的「情緒勞務」（emotional labor）概念，係指工作者與人交流時表現符合組織預期的情緒狀態，情緒勞務主要由第一線接觸顧客的人員承擔，例如服務業要求員工與顧客接觸時要面露微笑，並克制自己的負面情緒；在情緒勞務觀點下，認為組織訂這類規範似乎成為了某種「情緒暴政」。高曼則認為情緒的展現是否屬於強制性或義務性，取決於個人對於工作的認同程度，例如當一個護理人員對工作有高度認同感的話，願意多花時間安慰病患或家屬，並不會覺得是額外的負擔，反而會讓這份工作更有意義[11]。所以，不宜冒然使用「情緒勞務」的標籤，否則只會讓工作心情更苦悶。

　　情緒管理大致可分為正面情緒的表達與負面情緒的克制，研究指出工作愈投入者，愈能夠緩解情緒耗竭，因為他們對工作給予較高的承諾，即使面對充滿情緒的事件，仍將之視為有意義的挑戰；如果工作缺乏認同感，態度並不積極，就會視為威脅[12]。現在組織最苦惱的不是員工缺乏能力，而是怕

11　Goleman, D.（1998）。EQ II：工作EQ（李瑞玲、黃慧真、張美惠譯）。臺北：時報（原著出版於1998年）。

12　吳宗祐、鄭伯壎（2006）。工作投入、調節他人情緒能力與情緒勞動之交互作用對情緒耗竭的預測效果。**中華心理學刊**，48(1)，69-87。

累、工作投入程度不足,往往就應付了事。換言之,提高警察人員的情商有諸多好處,高情商比較能面對挑戰,減少工作倦怠感,但首先是願意對警察工作投入。

工作難免有時會產生負面情緒,心理學家瓊恩‧羅森伯格(Joan Rosenberg)指出讓人不舒服之最常見的八種情緒,包括憤怒、悲傷、羞愧、無助、難堪、失望、沮喪與脆弱,這些情緒會讓大腦釋出化學物質,伴隨而來的體感覺(bodily sensation)喻為「情緒浪潮」,每一波大概90秒;前提是先對情緒有自我覺察,當情緒浪潮來襲時,不舒服是身體的正常反應,愈能承認、體驗它,然後像學習衝浪般,開始學習駕馭情緒浪潮[13]。

所以,警察的情緒感受可能混合了多種,要自知最無法控制與處理的是哪些情緒;在執法的現場要對情緒有自我覺察,辨識內在可能有什麼情緒在發作,這段期間可以深呼吸幾次,當時間條件充裕下,案件就慢慢來,勿急躁處理,讓自己的情緒浪潮通過。

更完整的概念是「情緒—社交智力」(emotional and social intelligence, ESI)。有一項領導力研究,對象是美國處理森林野火的「意外團隊指揮官」,一旦有任務時,指揮官需要立即部署一支高效率的團隊,火勢蔓延速度很快,而且存在許多不確定的時刻,要有效利用每個團隊成員的專業知識和洞察力。除了趕快撲滅野火外,指揮官還要面對各類的利害關係人,因為現場會有許多團隊和團體參與,以協助減少火災對民眾生命、牲畜和動物、建築物、社區等潛在損害,所以很考驗指揮官的領導力。該研究比較了表現優秀與平庸的指揮官,結

---

13 Rosenberg, J. I.(2021)。**黃金90秒情緒更新:頂尖心理學家教你面對情緒浪潮,化不愉快為真正的自由與力量**(鄭百雅譯)。臺北:三采(原著出版於2019年)。

果發現重大能力差異包括情緒自我控制、適應力、同理心、教練指導與激勵他人等五項，所以僅靠消防技術能力是不足以展現出色的績效[14]。

回到警察的執法過程，當面對衝突複雜的情況，警察除了要懂得調節自己情緒，讓大腦的前額葉功能好好運作，避免受情緒左右之外，如果現場有各種意見分歧人士要互動協調，指揮官就要融合更多能力。有些資深同仁很厲害，可以讓原本劍拔弩張的民眾糾紛，經過斡旋調解後，讓雙方變得雲淡風輕，這說明情緒—社交能力的重要性。

情緒表達的有趣例子是動畫電影《怪獸電力公司》（Monsters, Inc）, 怪獸員工的工作是從衣櫥的門冒出來驚嚇兒童，然後從害怕兒童的尖叫聲中蒐集能源，當任務完成後員工就退場，把表情收回。主角大眼仔雖然在怪獸大學裡努力向學，但大眼仔的驚嚇能力不厲害，屢屢受挫，因為這是怪獸電力公司的核心職能。所幸，怪獸電力公司進行轉型，改變營運模式，怪獸員工的任務變成要讓兒童歡樂，這不僅是大眼仔的強項，其他怪獸在上班時也都很開心，而且這樣蒐集到的能源更多。

高曼認為：「領導就是傳遞能量。」其與卡利·查尼斯（Cary Cherniss）合著的《最佳狀態》書中指出，大腦會強烈記住出錯的事情，比起老闆和藹可親的時候，員工更容易回想起老闆的粗魯或生氣對待。由於員工通常非常注意老闆的言談舉止，因此領導者要提升自己的情商，避免讓團隊成員的情緒起伏波動而產生負面影響[15]。

14　Boyatzis, R. E., Thiel, K., Rochford, K., & Black, A. (2017). Emotional and social intelligence competencies of incident team commanders fighting wildfires. *Journal of Applied Behavioral Science*, 53(4), 498-516.

15　Goleman, D. & Cherniss, C.（2024）。**最佳狀態：超越心流，掌握個人持續卓越的情商**（蕭美惠譯），臺北：時報（原著出版於2024年）。

參、談判、說服的技巧

在危機談判的領域，要求的對話標準更為嚴苛。

1994年起美國聯邦調查局FBI研發新的危機談判技巧，首席國際綁架談判專家克里斯·佛斯（Chris Voss）在《FBI談判協商術》書中揭露，與傳統談判技巧最大的差異在於，從理性的問題解決轉向心理戰術。FBI發現，學院派建議的談判技巧太講究邏輯思維，把對方當成是理性、沒有情緒的人。問題是一旦需FBI談判人員出馬時的情境，遇到的對象通常是不太理性的人，亦無法提出明確需求，甚至尚未掌握犯嫌的身分或人數，也看不到犯嫌的臉，全程只能靠對話。此時，談判人員要特別重視對方情緒，目標是安撫當事人、建立和諧氣氛、贏得信任、引導對方說出需求等，此稱為「戰術性同理心」（tactical empathy）的技巧。

「戰術性同理心」的目標不是要感同身受，而是強調描述對方的痛苦，同時談判人員態度絕不能夠強硬，所以音質很重要，推薦談判人員聲音要採取深夜廣播電台DJ的口吻，努力在短期間建立信任，期望讓人質平安釋放，化險為夷。佛斯強調：「無論發生什麼事，重點是蒐集另一方的資訊，先讓對手拋出錨點，將可得知許多事，我們唯一的功課，就是學會承受對方的第一拳。」他主張用不害怕但恭敬的態度來引導負面互動，為了蒐集更多資訊，他會預備「校準型問題」，例如[16]：

- 這件事哪些方面對你來說很重要？
- 我怎麼樣能讓這件事對你我來說變得更好？
- 你希望我怎麼進行？

16　Voss, C. & Raz, T.（2022）。**FBI談判協商術**（暢銷新版）。臺北：大塊（原著出版於2018年）。

- 是什麼造成現在的情形？
- 我們可以怎麼樣解決這個問題？
- 目標是什麼？我們要努力完成什麼事？

從上述「校準型問題」可以看到談判人員如何委婉地請求，看上去FBI似乎沒有什麼尊嚴，但真正的目的是降低對方的防衛心，千萬不可以咄咄逼人；而且還要讓對方感覺取得主導權，讓他們認為自己才是老大，殊不知完全在談判的問題框架內了。此外，措詞上頻繁的使用「我們」，就會產生要一起共同解決問題的感受，這些戰術非常值得參探。

2021年12月紐約市市長任命非裔女性基欽特．塞維爾（Keechant Sewell）擔任警察局長，這是紐約警察局成立一百七十六年來第一個非裔女性首長，塞維爾49歲接掌全美最大的警察局，編制3萬6,000名警力。她也是人質談判專家，一向以冷靜的專業形象聞名，她上任期間正值COVID-19疫情，以及種族歧視的抗議活動潮，警察的工作士氣處於低點，她出面談判一份協議，包括加薪和更靈活的勤務時間，士氣才有了逐漸改善[17]。她到紐約市警察學院（NYPD police academy）對新進警察致詞，告訴他們：「我要求你們以正直、勇氣和同理心來領導和服務。」[18]可以想見，同理心對於警察工作的重要性。

即使不擔任談判人員，也要多鍛練「說服」的技巧。《如何讓人改變想法》的作者大衛．麥瑞尼（David McRaney）指出，說服並不是要去強制脅迫他人，亦不是要靠著事實辯出

---

17 What a Commissioner's Abrupt Exit Says About the N.Y.P.D. Under Adams. https://www.nytimes.com/2023/06/17/nyregion/keechant-sewell-nypd.html.

18 NYPD Commissioner Keechant Sewell tears up in final public appearance as top cop. https://nypost.com/2023/06/30/nypd-commissioner-keechant-sewell-tears-up-in-final-public-appearance/.

個誰贏誰輸，其定義的說服是：「要引導對方走過幾個階段，讓對方更瞭解他們自己的想法，也知道怎樣讓那些想法與當下的訊息沒有出入。」[19]

　　說服在推動公共政策過程中尤其扮演重要力量，例如當美國同性婚姻議題在爭論不休的階段，非營利組織——領導力實驗室（The Leadership Lab）為了爭取選民支持法案，有別於傳統作法派人去發文宣，直接請求投票支持，而是派出經過訓練的訪談員，挨家挨戶跟選民訪談，過程就只是在家門口進行一場對話，結果短短20分鐘內有不少人改變了想法，也成為法案通過的重要助力，這被視為革命性的拉票方法，後來許多推動社會改革的人士亦前往取經。

　　領導力實驗室使用的方法稱為「深度遊說」（deep canvassing），主要步驟如下[20]：

一、請選民就特定議題發表意見。

二、以詢問方式探究他們的信念，了解對方為何有這些感覺。

三、請選民就該議題分享自己的經歷。

四、訪談員分享一個與選民最初的觀點有共鳴的個人故事。

五、再次詢問他們對這項議題的看法。

　　當初在訓練「深度遊說」訪談員時，要求他們的首要任務是仔細傾聽，切勿據理力爭，否則容易引發對方的情緒反彈。然後提出開放式問題，引導對方反思，並觀察對方是否態度軟化，真正成功關鍵是讓對方自己得出結論，才得以說服自己。

　　許多警察同仁可能太急於解釋法條，好證明自己是對的，也讓民眾知道自己是錯的，甚至以為這樣是維護警察尊

---

19 McRaney, D.（2023）。如何讓人改變想法：關於信念、觀點與說服技巧（林俊宏譯）。臺北：天下文化（原著出版於2022年）。

20 Schonthal, D. & Nordgren, L.（2023）。心理摩擦力：為何人們抗拒改變？不是你不努力，是你不懂人性阻力（張斐喬譯）。臺北：三采（原著出版於2021年）。頁302。

嚴，但溝通過程中反而可能引發更多的口角衝突，或讓對方更激動。以上「深度遊說」的五個步驟，當我們用程序正義的觀點來理解它為何奏效，就一目了然。即使警民互動過程需要多一些時間，但如果執法的目標是說服，而不是要維護警察尊嚴，就會有不同的結果。

本章要點

- 要區分過程與結果，尤其注意壞結果與壞過程是致命組合。
- 警民互動時優先處理情緒面向，調節自己與他人情緒的能力，培養高情商。
- 危機談判是一種心理戰術，不是用邏輯講道理，不能使用強制脅迫，對話的重點是說服。

第四章

執法正當性與程序正義

壹、人們為什麼遵守法律

推動美國警政改革的重要學者——湯姆・泰勒（Tom R. Tyler），早年就是研究程序正義出身，其1988年與艾倫・林德（E. Allan Lind）合著出版《程序正義的社會心理學》[1]，並於1990年出版《人們為什麼遵守法律》[2]。該書讓「執法正當性」（legitimacy）議題有了顯著發展，泰勒也因促進法律與社會研究領域的典範轉移而享有盛譽。2024年為表彰他對程序正義的研究貢獻，獲頒犯罪學領域最負盛名的獎項——斯德哥爾摩犯罪學獎（The Stockholm Prize in Criminology）。

泰勒主張維持社會秩序的核心策略是「執法正當性」，將之定義為「對於權威、機關或社會安排的一種心理特性，使與之相關的人相信它是合適、適當及公正的」。如果司法機關、執法人員被民眾認為有正當性，則更可能選擇服從與合作，而不是使用法律權威或強制力，命令民眾服從。此外，當民眾視警察的指示具有正當性，而選擇配合警察，乃是因為覺得警察有資格被尊重，而個人有義務要遵守指示。這在動機上是有區別的，因為這種行為是出自於道德上的動機，想成為一位好公民；而不是見到了警察，擔心害怕會受到懲罰的恐懼動機[3]。

那麼警察要如何建立執法正當性？大致上可以透過五個途徑，包括程序正義、警察工作效能、分配正義、法律依據與社會傳統文化。這些途徑中，對執法正當性最直接影響的是透過程序正義[4]。雖然某些威脅情況下警察明顯需要使用強制力，

1　Lind, E. A. & Tyler, T. R. (1988). *The social psychology of procedural justice.* Plenum Press.

2　Tyler, T. R. (1990). *Why people obey the law.* Princeton: Princeton University Press.

3　Tyler, T. R. (2006). Psychological perspectives on legitimacy and legitimation. *Annual Review of Psychology, 57,* 375-400.

4　Mazerolle, L., Bennett, S., Davis. J., Sargeant. E., & Manning, M. (2013).

但執法正當性的觀點主張，應將強制力視為最後手段，程序正義仍是先決條件。

　　警察與民眾接觸時運用程序正義原則，除增進警民互動的品質外，民眾對警察的滿意度也會提高[5]，亦可能改善民眾對於警察的負面觀感。國內學者賴擁連針對我國民眾對於警察偏差行為認知的調查，偏差行為例如濫用職權、包庇權貴、貪汙等，研究發現程序正義是最顯著的影響因子，該研究問卷測量程序正義的題目如下：「1.警察會對市民解釋清楚他們採取行動的原因」；「2.警察在處理案件時，會給予市民解釋的機會」；「3.市民經常能從警察那裡獲得公平的結果」；「4.我相信警察總是能依據市民的需求做出正確的決定」。研究結果顯示，警察執法過程愈符合程序正義，民眾對於警察偏差行為之認知程度就會愈低[6]。

　　此外，筆者以新北市民為調查對象，研究警察受理住宅竊盜報案服務滿意度影響因素時，亦發現警察受理民眾報案服務品質的良窳，會直接影響到被害人的滿意度。其中又以公平對待民眾、關心民眾需求、有禮對待民眾、尊重民眾、重視民眾權益、親切關懷態度及認真可靠態度等，對於被害人的各項滿意度因素影響力最大[7]。

　　同樣地，在COVID-19疫情三級警戒期間，政府為了達到防疫的效果，大量運用警察的力量施行各項非醫療干預措施。

　　Legitimacy in policing: A systematic review. *Campbell Systematic Reviews*, (1), DOI: 10.4073/csr.

5　Wells, L. E. (2007).Type of contact and evaluations of police officers: The effects of procedural justice across three types of police-citizen contacts. *Journal of Criminal Justice*, 35(6), 612-621.

6　賴擁連（2019）。民眾對於警察偏差行為認知程度之影響因素。**中央警察大學犯罪防治學報**，28，63-84。

7　張淵菘（2013）。警察受理住宅竊盜報案服務滿意度影響因素之研究。**中國行政評論**，**19**(3)，47-90。

經調查研究結果顯示，警察在執行防疫的各項作為時，無懼於染疫的風險，在組織因應疫情有效調適各項應變措施下，仍保持公平、一致、有尊嚴且尊重的態度面對民眾，處理民眾之各項疑難雜症，並執行政府所制定之各項防疫措施，又其所做出之決定是基於事實、值得信賴且非個人主觀偏見，在做出決定前，有給予社區民眾表達意見之機會，展現執勤員警在COVID-19三級警戒期間的各項執法與防疫作為，仍秉持並踐行程序正義的價值，展現警察防疫執法應有的正當性，方能使民眾順服於警察防疫之各項作為，協助衛生主管機關達成防疫之效[8]。

在警民接觸的過程中，萬一警察在現場判斷力稍有不慎，嗆警演變成殺警，代價就非常慘重。2022年8月22日發生臺南殺警案後，警政署隨即推動《警械使用條例》之修正，9月30日立法院三讀通過，10月19日公布施行。有研究針對刑警人員使用強制力的意見做調查，發現受訪者認為面對警民衝突，警察應使用更多強制力。會有此結果之原因，推測可能是那段期間國內接連發生多起襲警事件傷亡，以期藉此嚇阻[9]。修法後各機關陸續辦理執勤安全訓練，但內容多集中在高風險情境下如何使用強制力的戰術演練，卻忽略了以心智決策與溝通技巧向對方喊話。若能一併補充程序正義的觀點，訓練同仁以溝通對話來緩和緊張情勢，便可降低對方的防衛心理，減少強制力的使用。

2019年11月29日內政部警察教育訓練課程諮詢委員會，針對2017年全國司法改革國是會議討論決議，要求改善警察

8　張淵菘、呂晏慈、章光明（2024）。民眾順服警察防疫執法之影響因素研究。警察法學與政策，6，39-84。

9　劉璟薇（2022）。刑事警察人員民主警政自我感知之研究：以桃園市政府警察局為例。警學叢刊，53(1)，45-77。

工作之溝通、協調及表達技巧能力，遂於臺灣警察專科學校通識教育中心推動「警察敘事能力與溝通」課程，期藉課程深化學生對於警察處理案件形態、相關程序之認知、警民之溝通與協調、媒體互動等問題之認知與實務技能培養。經實施一年之初步評估結果，高達95%的學生意識到警察實施強制力前使用柔話術的重要性，且有高達93.6%的學生認為有助於警察實務工作之需求[10]。

就刑事政策的觀點而言，為了有效控制與打擊犯罪，威儆懲罰一向是刑事司法軍火庫中的主要武器。然而，程序正義觀點則有不同的思維。執法正當性不僅與民眾對警察的配合程度有關，民眾甚至會願意主動向警察提供可疑的犯罪情資，能有這樣的夥伴關係正是警察的理想，也代表民眾共同參與改善治安的努力[11]。

警政學者一向主張，警察勤務運作受到了「迅速原理」、「機動原理」、「彈性原理」與「顯見原理」等四大原理的支配[12]。但從上述的說明得知，以人們為什麼遵守法律的觀點切入，且警察在勤務執行的過程中一定要考量程序正義的面向，才能確保勤務的有效性。

---

10 沈明昌、李洛維、吳冠杰（2023/11/30）。**警專警察類科與海巡、消防科學生「警察敘事能力與溝通」學習成效之比較研究**。論文發表於臺北：112年精進校務發展研究計畫發表會。

11 Tyler, T. R. & Fagan, J. (2008). Legitimacy and cooperation: Why do people help the police fight crime in their communities? *Ohio State Journal of Criminal Law*, 6, 231-276.

12 張淵菘、章光明（2024/5/14）。**警察勤務理論**。論文發表於桃園：2024年警政與警察法學學術研討會。

貳、民眾對警察程序正義的感知

　　警察通常是民眾與司法體系的首要和主要接觸點,國外警政學者對於執法正當性、程序正義與社會秩序維護之關係研究持續增加,普遍共識是警察與民眾接觸時,民眾對於程序正義的感知(perceptions of procedural justice)會顯著影響到對警察執法正當性的看法,由此說明程序正義是前因條件[13]。

　　更重要的是,警察在接觸過程中如何「對話」。史丹佛大學的科學團隊與加州奧克蘭市的警察局合作,針對美國警察執法是否有種族歧視問題進行研究,他們透過警察執勤的密錄器內容來分析,蒐集245名警察、共981次的攔查駕駛人,運用語言模型分析3萬6,738個的警察發言文本,提取其中有關於「尊重」的語言特徵,並將民眾年齡、盤查區域犯罪率、結果(警告、罰單或逮捕)等納入控制因素。結果發現,警察對於白人駕駛的用詞遣字有著更多尊重,例如會使用尊稱和穿插安撫(不用緊張);反觀攔查到非裔駕駛時,警察就顯得不太禮貌,也常會要求把手放在方向盤上。而且在互動的初始5%過程中,警察對不同族裔民眾說話方式就不同,表示在駕駛有機會說話前,警察的對待就出現差異了。此外,分析全部數據前10%最尊重的言詞與最後面10%,結果白人民眾更有可能聽到警察說出最尊重的話,而非裔民眾則有可能聽到警察說出最不尊重的話。該研究確認了警察執法在對話中的種族差異明顯,警察對非裔民眾講話比較不尊重、口氣比較負面,這也導致警民的互動往往更為緊張[14]。

13　Sunshine, J. & Tyler, T. R. (2003). The role of procedural justice and legitimacy in shaping public support for policing. *Law and Society Review*, *37*, 513-548.

14　Voigt, R., Camp, N. P., Prabhakaran, V., Hamilton, W. L., Hetey, R. C., Griffiths, C. M., Jurgens, D., Jurafsky, D., & Eberhardt, J. L. (2017). Language from police body camera footage shows racial disparities in officer respect. *PNAS Proceedings of the*

　　由此可見，對話如何影響到民眾的感知，研究團隊其中一位成員表示，光看警察講話的字眼，大概就可以猜出他在與什麼族裔的人對話了，而這樣言語差異的結果，會讓非裔民眾對警察產生不信任感。或許警察並非刻意，只是不自覺，所以要強化訓練來改善溝通技巧[15]。至於熱點警政（hot spots）就不屬於執法正當性的感知態樣，因為警察作為主要透過巡邏方式，或是在熱點執行犯罪掃蕩行動，很少下車與民眾接觸，雖然對於控制犯罪頗有成效，但無法確定能否影響民眾對警察執法正當性的感知[16]。

　　亞利桑那大學犯罪學與刑事司法教授愛德華‧馬奎爾（Edward R. Maguire）等人以交通攔檢的影片為研究材料，內容分為三種不同的警民互動方式，並將226名受試者隨機分配，正向組警察與駕駛的對話過程符合程序正義，負向組的警察是程序不正義，以及控制組無關程序正義。影片觀看結束後受試者會填寫一份對警察看法的調查問卷，包括對警察的信任程度、遵守警察命令的義務以及與警察合作的意願。研究結果證實，警察採用程序正義的溝通方式對合作、服從、信任皆有顯著影響；反之，則破壞了民眾對警察的合作、服從與信任態度[17]。

　　美國維吉尼亞理工大學的和平研究與暴力預防中心主任詹姆斯‧霍頓（James Hawdon）認為，民眾在與警察有任何個

National Academy of Sciences of the United States of America, 114(25), 6521-6526.

15　Berger, J.（2023）。如何讓人聽你的：華頓商學院教你用文字引發興趣、拉近關係、有效說服首席談判專家教你在日常生活裡如何應用他的絕活（鄭煥昇譯）。臺北：時報（原著出版於2023年）。頁322-325。

16　Braga, A. A. (2007). The effects of hot spots policing on crime. *The Campbell Collaboration Library of Systematic Reviews*. DOI: 10.4073/csr.2007.1.

17　Maguire, E. R., Lowrey, B. V., & Johnson, D. (2017). Evaluating the relative impact of positive and negative encounters with police: a randomized experiment. *Journal of Experimental Criminology, 13*, 367-391.

人接觸之前，就會形成對警察的一般印象；一旦這種接觸發生時，會影響了個人與警察之間的互動[18]。上述研究的受試者是觀看別人被警察攔查的影片，並不是當事人，表示間接的接觸警察就會對程序正義有一定的感知。如果是直接接觸警察的當事人呢？最佳證據來自於澳洲昆士蘭大學犯罪學教授蘿倫‧馬茲羅爾（Lorraine Mazerolle）的實驗，這是第一個大規模的隨機實驗研究。

在澳洲攔查酒測的作法是警察隨機攔查車輛，指示駕駛人開窗，並遞一根短塑膠管連接到小型手持機器，指示駕駛人吹氣至他們告知停止，然後初步檢測是否有酒駕情形，通常除了必要性的溝通外，警察幾乎沒有其他對話內容，當初步檢測的結果為陰性時，警民接觸時間平均約20秒；如果酒精含量超過法定標準值，警察則會要求駕駛人下車，再使用更先進的測試設備進行後續處理。

該研究團隊設置60個攔查點，每個點總計攔查300至400輛車，實驗組的交通警察在呼氣酒精測試的互動過程中要符合程序正義，事前要聽取簡報說明任務操作細節，以及提供一份提示卡（cue card）方便警察現場操作；現場還會有人監督實驗組，是否符合程序正義執行，如果無法遵照規則的警察就會被換下；控制組的警察則沒有上述規則，依照往例操作。二組警察皆會提供被攔查的駕駛人一個研究調查的密封信封，裡頭說明研究目的以及附上調查問卷，主要針對該名警察與整體警察的看法，駕駛人回家後自主決定要不要回覆問卷。

在程序正義部分的問卷調查項目，例如「警察在做出決定時試圖公平對待」、「警察在做出決定之前給予人們表達意見的機會」、「警察在做出決定之前聆聽人們的意見」、「警察

---

18 Hawdon, J. (2008). Legitimacy, trust, social capital, and policing styles: A theoretical statement. *Police Quarterly, 11*, 182-201.

對待人們表現尊嚴和尊重」、「警察在跟人們應對時總是很有禮貌」等。研究結果顯示，程序正義的實驗組，警民互動時間平均為97.21秒，而控制組平均為25.34秒，兩組互動時間相差快四倍。

此外，為了推測合作程度，受訪者被要求評估以下行為的可能性：

一、打電話給警察舉報犯罪行為。

二、提供情資協助警察找到犯嫌。

三、向警察報告危險或可疑活動。

四、如果被要求時樂意協助警察。

結果顯示，實驗組民眾對警察有更高的合作意願。此外，該研究亦證實，即使是與個別警察的短暫接觸，就會影響民眾對集體警察的看法。亦即，當執法過程遵循程序正義原則，可以塑造民眾對集體警察的正當性印象與合作態度[19]。

參、警詢過程的程序正義

事實上，警察偵查過程詢問被害人、關係人與嫌疑人，也愈來愈重視程序正義。

由於警詢工作是擬定偵查方向與後續證據的重要基礎之一，以往美國警察普遍使用的里德（Reid）詢問技術，具有封閉、高壓與操弄之特徵，已被研究者批評不利事實釐清，並認為與虛偽自白有關。1992年美國「無辜運動」推動至今，數百個冤案被平反，檢討發現所涉及的因素，包括錯誤目擊指認、虛偽自白、不實證人證詞、不當政府作為、無效辯護、無

---

19 Mazerolle, L., Antrobus, E., Bennett, S., & Tyler, T. R. (2013). Shaping citizen perceptions of police legitimacy: A randomized field trial of procedural justice. *Criminology*, *51*(1), 33-63.

科學基礎的鑑識科學等，其中涉及警察詢問過程導致虛僞自白就占了三成左右，表示傳統偵查作爲存在之結構性問題。

　　2009年美國政府成立「高價值囚犯偵訊小組」（High-Value Detainee Interrogation Group, HIG），目的是改善審訊嫌疑人的方式，尤其對象是情報價值極高的恐怖分子。最後該小組提出解決方案稱爲「融洽關係技術」（rapport-based techniques），完整名稱是「基於融洽人際關係的互動觀察技術」（Observing Rapport-Based Interpersonal Techniques, ORBIT），由兩種關鍵的心理方法組成：1.人本主義「羅傑斯式」（Rogerian）諮商技術，尤其著重在「動機式晤談法」（Motivational Interviewing）；2.詢問者與受詢問者之間「人際行爲圈模式」（Interpersonal Behaviour Circle）。以前最常用於諮詢，但現在應用於執法，強調審訊的焦點爲建立融洽的關係（building rapport）。目前美國陸續培訓警方，相關研究發現警詢過程中若遵循程序正義，可以增進訊息取得的品質，而且在建立融洽關係的第一個階段，最重要的技巧是表達尊重[20]。

　　《連線》（*Wired*）雜誌記者Robert Kolker撰寫一篇專題，調查關於HIG小組指導美國洛杉磯警察局破獲的分屍案。該案2012年被害人屍體被發現，但當時對嫌疑人的偵查作爲都無功而返；2014年警察局派出2位已受過HIG培訓的警察再次詢問嫌疑人，刻意選擇在飯店進行，讓嫌疑人感覺舒適輕鬆的聊聊天，大概4個小時之後關鍵的資訊才出現，整個過程約5個多小時。嫌疑人覺得應該能逃過一劫，但返家後當晚就被逮捕了，這是融洽關係技術實務上成功的案例[21]。

20　施志鴻、吳斯茜（2022）。基於融洽關係的警詢技術簡介。**警學叢刊**，53(1)，1-14。

21　Kolker, R. (2016). A severed head, two cops, and the radical future of interrogation.

　　參與HIG小組的心理學家愛蜜莉‧艾利森（Emily Alison）與勞倫斯‧艾利森（Laurence Alison）在《信任溝通》書中呈現一則警詢的例子。A警察在詢問過程中不斷遭嫌疑人打斷，並指責A無知、詢問內容無意義等；接著換B警察上場，一開始嫌疑人同樣用輕蔑態度，但B直接打開筆記本，內容是空白的，冷靜地表示只是想傾聽，沒有預設任何問題；然後B再耐心謙遜地表示選擇權在嫌疑人，不會強迫嫌疑人要說出犯罪計畫，態度尊重且採取被動服從。結果嫌疑人就全盤托出了，令在旁觀察的其他同事瞠目結舌[22]。

　　為什麼「融洽關係技術」會有效？因為沒有人喜歡被脅迫；你能牽馬到河邊，但不能逼牠喝水。當警察運用「融洽關係技術」時，要能夠敏感判斷嫌疑人（證人或被害人）的人際互動類型，如果對方情緒很激烈，可能是處在適應不良關係的狀態，此時需引導對方進入適應良好關係的狀態，因為警詢目標是資訊的蒐集（information-gathering），不是要確認問題的答案，例如大量使用開放式問題而非封閉式問題。此外，該技術強調警詢要避免使用欺騙、操弄的手段，否則將破壞信任關係，影響對方在資訊的揭露程度，並導致虛偽自白的風險。

　　當初研究團隊在建構「融洽關係技術」時，認為審訊恐怖主義嫌疑人和心理諮商具有共同特徵；具體來說，審訊人員／諮商師力求以同理心、尊重和支持的態度對待嫌疑人／客戶，同時保持人際適應性、親社會行為。此外，應採用靈活的方法來回答嫌疑人／客戶，同時在互動過程中關注核心議程，而且嫌疑人／客戶可以就參與程度做出自己的選擇（例如保持沉默

Wired Magazine. https://www.wired.com/2016/05/how-to-interrogate-suspects/.

22　Alison, E. & Alison, L. J.（2021）。信任溝通：全球頂尖心理學家解讀人心的四種方法（吳宜蓁譯）。臺北：究竟（原著出版於2020年）。頁234-237。

的權利）²³。

　　目前國內尚未正式推廣「融洽關係技術」，根據國內學者林燦璋等人以我國刑事警察為對象的調查，研究發現「主動向犯嫌自我介紹」與「自我介紹時，告訴對方我的全名」這些行為並不常使用；反觀在融洽關係技術則是推薦的，因為這是向對方表示尊重的行為²⁴。但不乏有資深的刑事人員已經嫻熟類似的技巧，而且體驗過融洽關係技術在警詢過程的有效性，這對於推進偵辦進度帶來重大影響，如果刑事人員有心理諮商背景的話，會很有力。

　　綜上所述，過程的品質很重要，當警察運用程序正義原則與民眾互動，民眾會認為警察是正當合法的，所以對警察的配合程度較高。就「情、理、法」來說明警察個人的決策過程，本書建議依序為情緒管理、執法正當性和法條依據。整體而言，提高執法正當性可以為警察個人、機關和社區帶來諸多好處，甚至民眾會主動向警察提供犯罪情資，所以警察一定要掌握程序正義的要領。

23　Alison, L., Alison, E., Noone, G., Eltnib, S., & Christiansen, P. (2013). Why tough tactics fail, and rapport gets results: Observing rapport-based interpersonal techniques (ORBIT) to generate useful information from terrorists. *Psychology, Public Policy, and Law, 19*, 411-431.

24　林燦璋、施志鴻、盧宜辰、郭若萱（2013）。國內刑事警察使用萊德（Reid）偵訊技術現況之調查。警學叢刊，44(1)，57-80。

本章要點

- 《人們為什麼遵守法律》書中指出「執法正當性」
  （legitimacy）的關鍵性，強調過程品質的重要性，程序
  正義是先決條件。
- 民眾對於程序正義的感知，會顯著影響到對警察執法正當
  性的看法。
- 警詢面對犯嫌時，詢問過程的程序正義要把尊重原則擺在
  第一位。

第五章

程序正義的實踐原則

壹、實踐程序正義的四個原則

　　警察如何在互動中實踐程序正義，《21世紀警政報告書》的第一個支柱「建立信任與執法正當性」，定義程序正義以四個原則為基礎：

一、尊重他人，給予應有的尊嚴（Treating people with dignity and respect）。

二、在執法過程中讓民眾「發聲」（Giving individuals "voice" during encounters）。

三、中立、透明的決策行為（Being neutral and transparent in decision making）。

四、傳達令人信賴的行事動機（Conveying trustworthy motives）。

　　當警察執法時要自問：我是否以尊嚴和尊重對待民眾？我允許他們被聽到嗎？我是否公正地運用法律？我是否告訴他們，我為什麼要做我正在做的事情？這些構成警察是否具正當性的判斷標準。以下分別說明尊重（respect）、民眾參與（citizen participation）、中立性（neutrality）和值得信賴動機（trustworthy motives）等四個原則的內涵[1]：

一、尊重

　　從道德的觀點，係指尊重他人的差異、尊嚴、平等和自主性，避免侵犯他們的權利。從文化的觀點，強調尊重不同文化和價值觀的多樣性，不會歧視或輕率評斷。從人際社交的觀點，係指尊重他人的感受、需求和意見，涉及有效的溝通與傾聽，如果忽略、置之不理或蔑視對方，對人際關係就產生破壞

1　Goodman-Delahunty, J. (2010). Four ingredients: New recipes for procedural justice in Australian policing. *Policing*, *4*(4), 403-410.

性的影響，所以要養成有禮貌的習慣。從生態的觀點，強調尊重自然，應該保護和維護地球的資源和生態環境。

警察在與民眾互動過程中，無論民眾的地位、背景、性別、種族、宗教或其他特徵，要讓對方感受到被尊重，避免讓民眾覺得警察高高在上，表達的方式例如用較正式的稱呼、表達禮貌、解釋執法理由、展現善意、傾聽與理解等，即使是犯嫌也要給予尊重的態度，例如第四章提到的「融洽關係技術」。

二、民眾參與

係指給予發聲的機會，表達出自己的意見；反之，「噤聲」可能是出於壓力、恐懼、限制或壓迫，所以不敢說出自己的想法。例如，在會議中，主席讓大家輪流發言，與會者就會覺得有人聽到自己的見解與心聲，有助於提高與會者的投入度，但如果發言機會不平等或主席經常打斷發言，與會者就可能選擇沉默，最後會議就淪為成一言堂。

警察在與民眾互動過程中，要讓民眾有機會表達個人意見，作即時的申辯，這並不表示警察要完全同意對方的言論，而是傾聽對方的內容。不宜過於強勢的命令，僅有單向溝通，亦可以主動詢問民眾的意見，順利展開對話。

三、中立性

根據不同範疇，會有不同的中立性涵義。從政治中立的觀點，係指政府治理和制定政策時，不偏袒任何特定政治團體。從行政中立的觀點，係指公務人員依據法令執行職務，忠實推行政府政策，秉持中立之態度與立場。從新聞中立的觀點，係指報導事件和故事時，保持客觀、公平、不偏不倚的立場，確保受眾獲得準確的資訊。從學術中立的觀點，要求研究人員盡

量避免偏見、個人立場和利益衝突，以確保研究結果的可信度和可靠性。

　　警察在執法時，中立性是指能夠基於事實作決策，不預設立場，以接到通報處理家暴案件爲例，可能多數人會假設攻擊者是男性，這假設就影響了理解整個情況的能力。因此，保持中立性才能公正客觀，以無偏私的態度，維持處置的一致性。

四、值得信賴動機

　　係指行爲或決策背後的意圖是誠實的，會主動揭露清晰、明確的資訊，而非基於欺騙、自私或是另有隱藏目的。通常會透過觀察人們的一言一行來判斷動機，例如當一個人出現「閃爍其詞」的行爲，可能是在政治場合、新聞採訪、法庭辯論、商業談判等，或是在日常生活中，會使用這種策略以掩飾不好的消息、迴避困難或尷尬的問題，但此舉往往會引起不信任和質疑，因爲會被解讀爲試圖隱藏眞相，難以讓人信服。

　　警察要傳達足夠讓民眾信賴的訊號，以表明行爲出自於誠實的動機，如果以模棱兩可的措辭，未提供明確的理由或資訊，這樣民眾就可能會產生質疑，覺得警察不誠實或不坦蕩；也不應該用欺瞞或操縱的方式，因爲可能很快就會被揭穿，導致之後的工作更困難。

　　美國警察的程序正義訓練課程很重視影響人類決策的因素，訓練教材內容包括了解大腦的運作，讓警察有意識地認識到既有的偏見和刻板印象，在面對壓力情境下如何做出更好的選擇，進而改善執法品質。雖然警察要專注於降低犯罪率與提高破案率，但民眾更在意警察行使職權的方式，不能口口聲聲要捍衛警察尊嚴，這是站不住腳的。

　　警民互動過程中兼具理性問題解決與心理戰術，最基本的就是符合程序正義，背後支持的觀點是「團體價值模式」（group-value model），該模式認爲人們在社會群體的歸屬感

和地位，會影響對正義的感知；為何人們會視為有被公平對待，乃是因為信任、中立性、尊重和發聲權等具備了重要的象徵性或關係性意義，代表個人在群體中沒有被忽視，所以促使人們視這些程序為公平的[2]。相對地，社會上許多弱勢者可能因為不指望受到公平對待，自認在群體中沒有歸屬感和地位，即使向政府反應意見也是沒有用，結果就放棄機會了。

　　另有研究針對警詢工作的三個階段：1.建立融洽關係（rapport-building）；2.引出可靠訊息（eliciting reliable information）；3.詢問目標（interview objectives），探討程序正義四個原則的重要性。該研究以亞太地區123名偵查實務人員為研究對象進行問卷調查，就最開始接觸的第一個建立融洽關係的階段，四個原則重要性排序結果，最重要的是尊重（占85.1%），其次是信任（占80.3%），明顯高於發聲（占45.1%）與中立性（占31.1%）。在第二個引出可靠訊息階段，重要性排序為尊重（占56.9%）、信任（占44.83%）、發聲（占31.0%）與中立性（占26.7%）。在第三個詢問目標階段，重要性排序為尊重（占68.9%）、信任（占53.3%）、發聲（占39.3%）與中立性（占36.9%）。換言之，面對犯嫌的警詢情況時，無論何階段警察都要把尊重原則擺在第一位，中立性相對不重要的原因，可能是警方在事前已經掌握一些資訊，警詢不太可能完全沒有預設立場[3]。從該研究結果亦可了解，警詢只做到最低限度的程序正義是不夠的，也呼應第四章舉例的那位B警察成功的原因，即對於嫌疑人的尊重可以帶來回報。

2　Sivasubramaniam, D. & Heuer, L. (2008). Decision makers and decision recipients: Understanding disparities in the meaning of fairness. *Court Review, 44*(1): 62-71.

3　Goodman-Delahunty, J., O'Brien, K., & Gumbert, T. (2013). Police professionalism in interviews with high value detainees: Cross-cultural endorsement of procedural justice. *The Journal of the Institute of Justice & International Studies, 13*, 65-82.

貳、程序正義的操作實例

　　有關操作實例部分，警政署曾提供「警察臨（路）檢勤務告知詞運用範例」（內政部警政署94年1月17日警署行字第0940008496號函），強調向民眾告知執法的依據，具體內容如下：

一、受檢人配合出示證件之處理

　1.先生（女士）您好！現在執行臨（路）檢勤務，請您出示身分證件，配合查證。謝謝！（若民眾有疑義時，進一步告知依據「警察職權行使法」之規定及所屬單位、職稱）。

　2.（勤務結束時）謝謝您的合作。

二、受檢人未帶身分證件配合查詢之處理

　1.先生（女士）您好！現在執行臨（路）檢勤務，請您出示身分證件，配合查證。謝謝！（若民眾有疑義時，進一步告知依據「警察職權行使法」之規定及所屬單位、職稱）。

　2.您告知姓名、出生年月日、出生地、國籍、住居所、身分證統一編號等相關資料，以便查證。

　3.（查證屬實）謝謝您的合作。

三、受檢人不配合出示證件之處理

　1.先生（女士）您好！現在執行臨（路）檢勤務，請您出示身分證件，配合查證。謝謝！（若民眾有疑義時，進一步告知依據「警察職權行使法」之規定及所屬單位、職稱）。

　2.先生（女士）對不起！若您不出示證件，依據警察職權行使法的規定，需要麻煩您到勤務處所（派出所、警備隊）進一步瞭解、查證，但您可指定親友或律師到場協助。另依社會秩序維護法第67條第1項第2款規定，如您

　　於警察人員依法調查或查察時，不實陳述或拒絕陳述姓名、住所或居所時，可裁處拘留或罰鍰，請您配合。

　　為了呈現程序正義原則的差異，在此引用前一章所介紹的澳洲警察酒測研究，在勤教時會向參與人員作說明，尤其實驗組警察需要遵循設定的劇本，事前研究團隊會準備提示卡給他們，內容提醒與民眾互動時，對話要涵蓋的程序正義原則，如表5-1所示。

表5-1　澳洲隨機酒測研究給實驗組警察的細部原則指示

關鍵點	對話舉例	程序正義
隨機的	• 嗨！ • 這次的測試有點不同。 • 車輛是被隨機攔下檢查。 • 您並不是針對這個測試特別挑選的。	中立性原則
交通事故資訊	• 我們統計2009年發生354起死亡案件。 • 我們工作中最艱難的部分，就是處理交通事故致死案件。 • 請您開車時能遵守交通規則，以協助我們減少這樣的悲劇發生。	值得信賴的動機原則
犯罪預防	• 這是一份警察局的資訊，每月提供犯罪預防提醒和重要聯絡號碼。 • 這個月竊賊們的目標是汽車內留下的錢、衛星導航系統和手機。 • 您對這份資訊有什麼想法建議或問題嗎？ • 您有其他希望警察多關注的問題嗎？	民眾參與原則
調查	• 這是昆士蘭大學關於這次酒測的問卷調查，讓您在家裡填寫。 • 我們非常感謝您的反饋。 • 您對這次的酒測或任何事情還有其他問題嗎？	民眾參與原則

（接下表）

關鍵點	對話舉例	程序正義
實施酒測	• 現在，我要求您提供呼氣樣本進行呼氣測試。	民眾參與原則
正向訊息	• 最後，我想感謝您……（駕駛人的正面行為）。 • 如果您呼氣的酒精濃度超過了標準，依法我們會進行後續的處置。	尊重原則

　　比較警政署的告知詞運用範例，從這份提示卡就明瞭國外警察對於程序正義的具體操作，亦可以理解為什麼實驗組警察會耗時比較長，因為執法過程的行為差異很明顯，而且融入了犯罪預防宣導。其中要注意最後一個「正向訊息」的動作，表示實驗組警察不是照著稿唸，而是要觀察駕駛人剛才的表現，特別點出來對方哪裡做得好。至於警政署版本主要作用是告知民眾，警察的打招呼措詞要有禮貌，但謝謝合作並沒有要求觀察行為，內容相對簡化。

　　從國外實驗得知，程序正義的對話內容其實很有彈性，警察在操作上可以自主變化，不用背誦，只要牢記尊重、民眾參與、中立性及值得信賴動機等四個原則，然後俐落大方地展現出來，讓民眾感受到警察執法的正當性，所以並不是一跟民眾接觸，就立即搬出法律依據。

　　一旦執法過程欠缺程序正義的後果，卻不見得由警察當事人來承受。目前警察機關常面臨的困擾是民眾投訴，理由各式各樣，其中一種狀況是民眾遇到了程序正義沒有做到位的員警（並非員警濫權違法），因此心有不滿、不吐不快，決定向機關投訴，然後受理人員在電話裡就先被負能量狂轟，但得要耐著性子傾聽，因為民眾發洩情緒的目的大於問題解決。如果遇到可以理性溝通的民眾，就儘量解釋，把程序正義走完，結束通話，記錄回電時間結案。至於民眾要不要接受就另當別論，

然而，這一段彌補程序正義的時間，絕對超過前述澳洲實驗組比控制組多出的四倍，不僅處理投訴案件的行政成本被嚴重低估，而且受理人員儼然成為民眾出氣筒及專業道歉部門。因此，有必要重視他們的情緒耗竭問題，協助療癒情緒。

以顧客投訴影片為材料的研究發現，顧客的憤怒情緒會讓員工覺得受傷、被冒犯或被侮辱等感受，同時啟動情緒感染（emotional contagion）過程，導致員工的負向情緒經驗[4]。但在顧客導向的組織規範下，公司要求員工在互動過程中保持正向情緒，以提升組織績效。多數的情緒透過臉部表情展現，員工可能戴上面具，笑臉迎人，徵才時通常不會明列這個條件，但如果要從事服務業，求職者要有心理準備。

情緒感染不僅影響團隊成員的個人情緒，一個人的心情不好也會波及集體情緒，尤其警察執法經常要面對衝突、挑釁、刁難、找碴事件，但不同於服務業有顧客導向的工作規範，每當發生疏失案例時，機關則會要求同仁注意自身的情緒管控。

或許有些警察選擇刻意壓抑或忽略情緒，抱持「多一事不如少一事」的心態，以免衝突擴大的風險，長期累積下來，則會對身心健康造成傷害。從程序正義觀點，要求的是警察在溝通對話中，聚焦在符合尊重、民眾參與、中立性及值得信賴動機等四個原則，而非情緒管控問題。如果能夠把程序正義的原則內化，遇到衝突時，情緒也會相對穩定。

美國警察訓練程序正義的教材包括一則影片，內容主要討論警察開單被投訴的經驗，拍攝的記者因為非常好奇，傳說中有一名洛杉磯的交通警察竟然沒有被投訴過，決定跟拍他的執勤日常，發現他攔查車輛後態度平和有禮，不會高高在上，甚

4　Dallimore, K. S., Sparks, B. A., & Butcher, K. (2007). The influence of angry customer outbursts on service providers' facial displays and affective states. *Journal of Service Research*, *10*(1), 78-92.

至和民眾有說有笑，結果民眾收到了罰單也不會動氣，還跟記者說這是他這輩子最開心接受警察開單的經驗了[5]。如今美國民眾愈來愈呼籲警察在與社區打交道時，能夠理解並實踐尊重他人、傾聽、公平公正，及在決策中表現出可信度的程序正義原則。

本章要點

- 程序正義的實踐，包括尊重、民眾參與、中立性和值得信賴動機等四個原則。
- 警察展現執法的正當性，並非一開始跟民眾接觸時，就搬出法律依據。
- 警察欠缺程序正義的後果，造成民眾投訴，受理人員可能情緒耗竭。

5　Cop gives "NO EXCUSES" for Record # of complaints.0. Check this out. Unbelievable !!! https://www.youtube.com/watch?v=ErASUGL00gQ.

第六章

案例分析：妨害公務案件

壹、熱點盤查

　　根據法務部2021年犯罪狀況統計分析，地方檢察署偵結起訴普通刑法犯罪，統計自2017年至2021年各類別平均起訴率為32.96%，其中又以妨害公務罪最高，2017年妨害公務罪起訴率為72.06%，2021年為63.54%，法務部分析妨害公務罪起訴率偏高，但整體出現下降趨勢[1]。另一方面，從警察機關的統計，每年警察機關移送的妨害公務案件甚多，統計2015年至2020年10月全國妨害公務移送案件總計7,833件，警察為對象就占了95.53%；共起訴5,269件，有罪判決計3,384件，有罪率為64.22%[2]，表示警察機關此類案件的頻繁。

　　警察執法屬於干預性質行政，民眾容易有不滿情緒，而且警察執法與民眾互動發生的衝突中，又以言語衝突最常見，進而衍生妨害公務案件，俗稱「嗆警」，這是最常見的態樣；至於較嚴重的暴力行為，例如持械攻擊或駕車衝撞等襲警態樣，符合2020年12月31日新修正刑法之加重妨害公務罪，不在本書的案例分析範圍內。最指標性的案例是桃園市政府警察局中壢分局葉姓員警盤查詹姓女老師，案發後監察院即展開調查，2022年3月15日以侵害人權糾正中壢分局，並要求內政部警政署督導警察機關檢討；接著，2023年1月31日桃園地方法院重判該員警，本案再次受到矚目，媒體報導稱：「中壢員警盤查『大外割』恐丟飯碗，基層警：恐打擊士氣」[3]。

　　回顧案發過程，依據監察院對該案的調查報告，案件概

1　起訴率統計資料，參閱法務部司法官學院編《中華民國110犯罪狀況及其分析──2021犯罪趨勢關鍵報告》，頁141，報告指出起訴率偏高的犯罪，前三類為妨害公務罪63.54%、搶奪強盜及海盜罪63.35%、公共危險罪62.18%。

2　雛志剛（2021）。執法尊嚴法律捍衛：增訂刑法加重妨害公務罪保障員警執勤安全。警光雜誌，775：1-5。

3　楊湛華（2023/2/1）。中壢員警盤查「大外割」恐丟飯碗，基層警：恐打擊士氣。聯合新聞網。取自https://udn.com/news/story/7321/6941366。

述如下：2021年4月22日上午中壢分局葉姓員警，前往治安熱點中壢火車站周邊執行巡邏勤務，於8時47分盤查一名詹姓女子，上前要求查證身分遭到詹女質疑，葉姓員警在聽到詹女口出「你真的很蠢」一語後，認定其構成侮辱公務員罪嫌，奪下詹女蒐證之手機，並將其摔倒上銬，8時54分予以逮捕。9時2分返回派出所；10時36分開始偵訊詹女，併上手銬及腳銬；11時2分警詢筆錄製作完成；11時33分移送至中壢分局偵查隊，迄14時25分解送桃園地檢署，歷時5小時59分[4]。

　　本案之所以引發熱議，早先是詹女當日在個人臉書發文「失去自由的9個小時」，隨即吸引社會輿論的關注，然而就妨害公務案件本身，依上述調查紀錄的時間點，自盤查到逮捕只有短短8分鐘，真正引爆衝突時間其實更短，因為過程影像已公開在新聞媒體上，關鍵轉折的對話過程不到3分鐘。

　　警政署在監察院糾正案提出之前，針對本案進行檢討分析，並收錄於《110年上半年度案例教育教材》之勤務紀律類，名稱為「員警盤查遭民眾陳指執法過當」，針對本案之鼓勵或改進措施有二項：

　　一、本案葉員108年迄今於線上查獲各類案件達94件，顯見累積相當實務經驗，葉員依其執勤經驗分析判斷，合理懷疑詹女疑有毒品犯罪或逃犯、離家失蹤人口、失聯移工等態樣，而據此發動盤查，執勤認真主動堪為嘉許。

4　監察院111年3月15日公告（字號111內正0004）：桃園市政府警察局中壢分局為求查緝績效，任由員警違反勤務紀律，在該分局自行劃定之「治安熱點（區）」隨機盤查民眾，又未落實教育訓練，導致少數員警僅憑個別主觀判斷，在欠缺合理懷疑之狀況下，任意攔查民眾；且留置及詢問現行犯期間，對其一律施用手銬及腳銬，不當侵害人民自由權利，確有違失，爰依法提案糾正。

二、警察人員執行公務極易遭遇民眾以言語挑釁、
肢體衝撞、抗拒甚或故意製造衝突對立情形，葉員
因詹女拒絕盤查而將其強摔及壓制在地，是否合乎
正當性及必要性尚待司法審判。[5]

由上述可知，警政署認為葉員對於犯罪熱點的判斷，就其
實務經驗具有一定的可靠性；至於葉員實施逮捕的作法，警政
署則持保留態度，交由法院裁決認定。

逮捕之後，場域會從發生地轉移至勤務處所，進行警詢筆
錄的製作，但在移送相關資料文本以外的視角卻很少被揭露，
監察院調查特別注意回到派出所的警詢期間，因此不宜忽視這
個環節。在本案的法律層面，只有葉姓員警與詹女兩造攻防，
但詹女在個人臉書全文被媒體轉載，可以一窺其在派出所留
置、警詢期間的體驗，以下節錄部分內容：

從我踏進派出所的一刻開始，由於這名在路上盤查
我的員警的認定，所有派出所的員警就將我當「妨
害公務現行犯」看待，他們語氣不屑、態度惡劣、
口吻輕蔑、怒目相視、暴躁不耐、言語滿是羞辱與
鄙視，……我想要喝水，請他們把我書包的水拿給
我，他語帶不耐地說，我怎麼知道你那瓶子裡裝的
是什麼？或者不屑怒斥說，「我很忙，請不要浪費
我的時間，快一點好嗎？」……當我聯絡完朋友，
要放手機回桌上的時候，女警懷疑我有錄音錄影，
我說沒有，你們可以檢查，但兩三個人又以搶奪拉

5　警政署《110年上半年度案例教育教材》，分爲執勤安全類、勤務紀律類、刑
案偵查類、風紀操守類、爲民服務類；本案屬勤務紀律類「員警盤查遭民眾
陳指執法過當」。

扯的方式奪走手機。此時我已經被絕對的無法信
任，毫無尊嚴可言。……12：00左右，戴著手銬、
腳銬上警車，前往中壢分局，在警察局門口下車，
因為帶著腳銬，我行動不便，走路緩慢，員警說，
快走，站在這裡很難看。手銬、腳銬是他們送給我
的，我緩慢走在警察局門口，這樣也有事嗎？[6]

　　詹女臉書內容描述在派出所的經歷以及個人主觀感受，
監察院調查報告僅針對手銬及腳銬的部分，不符合比例原則要
求警察機關檢討改進，表示確有此事。若轉換成程序正義的觀
點來理解，派出所內其他員警的對待方式實在不可取，令人遺
憾。在監察院的調查報告中出現了「執法溫度」一詞，提示了
警察執法時需要把民眾的感知納入考量：

　　警政署應檢討實務執行面是否僅側重人犯安全，而
　　未考量外界觀感、執法溫度，致生過當等情事。

　　臺灣桃園地方檢察署原於2021年10月26日做出雙方均
為不起訴處分，但案件逆轉，高檢署發回續查，桃園地檢署
2022年7月6日依妨害自由罪嫌起訴葉員；2023年1月31日桃園
地方法院判決（111年度矚訴字第3號），葉員犯公務員假借職
務上之機會強制罪，處有期徒刑四個月，如易科罰金，以新臺
幣1,000元折算一日；又犯公務員假借職務上之機會剝奪他人
行動自由罪，處有期徒刑六個月。

6　蘋果新聞網（2021/4/23）。失去自由的9個小時！劇團女團長路邊喝奶茶 怒
　　控警濫權上銬押人。取自https://www.appledaily.com.tw/local/20210423/3PJBR
　　CEAOZGAFK2Y3ZFKNVDAGA/。

　　警政學者認為，警察職權行使法施行二十多年來，本案可能成為改變違法執法之經典案例，因為以往類似案例以容許構成要件錯誤適之，但本案法院一改見解，以員警所為均難認係合法執行職務之行為，無從阻卻其犯罪之故意及違法性。此後員警要認知到，民眾拒絕盤查或嗆警，不必然會構成妨害公務[7]。

　　更值得一提的是，桃園地方法院判決理由中，點出了造成更大破壞性之處是民眾對警察的信任：

> 本應端正行止、奉公守法，並避免使用不法強制力於無辜人民，竟不思克盡保障人民權利之職責，於值勤時假借職務上機會，對於行止正常之路人，即本案之告訴人，以身體阻擋去處之強暴方式，施以違法盤查，而妨害告訴人行使其行動自由之權利；更有甚者，被告違法攔阻盤查告訴人在先，竟藉口告訴人妨害公務，對告訴人加以違法逮捕，剝奪告訴人之行動自由並造成告訴人身體受有前述傷害，除造成告訴人損失外，並嚴重影響人民對警察之信賴，損害警察形象，所有誠屬不該。[8]

　　從法官的論述可知，本質上要理解警察執法正當性與信任的關係，即使是個別警察的疏失行為，亦會減低民眾對警察的信任程度，公共信任又是社會發展的基礎，所以不可輕忽其影響性。

7　許福生、蕭惠珠（2023）。**警察情境實務案例研究**。臺北：五南。

8　112年1月31日臺灣桃園地方法院111年度矚訴字第3號妨害自由案件新聞稿。取自https://tyd.judicial.gov.tw/tw/cp-3131-1889328-ac16a-181.html。

貳、交通違規攔查

　　另一個案例是臺南市政府警察局永康分局的交通違規攔查，2023年7月5日臺南地方法院判決（112年度易字第492號刑事判決），本案媒體報導稱：「不配合盤查變妨害公務　法官：警用『執法技巧』誘使民犯罪」。

　　何來誘使？為了說明案件發生經過，以及了解法院如何審酌員警密錄器，以下呈現判決書中密錄器錄影檔內容[9]：

影片時間	密錄器勘驗內容
19:57:41～19:58:35	畫面左上角，被告陳宥达騎乘機車未開大燈、也未打方向燈即違規紅燈右轉。警員見狀便迴轉追過去。 於19時57分53秒，被告機車斜停於道路上，警員按喇叭示意，但被告未回應（未有說話或動作表示）就往回騎，警員不斷按喇叭並要被告旁邊停下來，被告降低車速並停下，但仍未下車。 被告機車再往前騎一小段，警員機車亦跟過去且非常靠近被告機車，警員大喊要被告旁邊停車，但被告一直往前，最後加速往前騎離開，警員便追上去跟在後面。過程中被告皆未有回應。 警員以無線電請求支援，並鳴笛追在被告後面，並按喇叭示意。
19:58:35～19:59:08	被告騎到十字路口打方向燈左轉進小巷，警員機車數度逼近被告機車並大叫要被告停車，被告皆不理會繼續往前騎。

（接下表）

9　112年7月5日臺灣臺南地方法院112年度易字第492號刑事判決。取自https://judgment.judicial.gov.tw/FILES/TNDM/112%2c%e6%98%93%2c492%2c20230705%2c1.pdf。

影片時間	密錄器勘驗內容
19:59:08～19:59:13	被告右轉進大馬路，警員緊接在後。於19時59分09秒，警員機車右邊後照鏡碰到被告左側身體，之後被告有以左手撥開的動作。 警員大叫要被告停車，被告仍不回應繼續往前騎。
19:59:13～20:00:26	警員機車持續緊追在被告機車左側。道路前方為停等紅燈的機車群，因此被告催油門想鑽空隙往前騎，但被路人機車擋住被告機車，之後警員便下車抓住被告（此時被告仍直視前方未回應警員），警員將被告往下拉，因此畫面劇烈晃動。 在警員壓制過程中被告不發一語、也未有激烈反抗動作，僅雙手撐在地上。其他支援警員到場一同壓制被告。 於20時0分許，被告發出「啊」聲音，警員則大喊「不要亂動」、「搞什麼」等語。畫面持續晃動。
20:00:26～20:04:08	被告手握拳、撐在地上，仍不發一語、也未配合警員進行逮捕，警員壓住被告後頸向下制伏被告。三名警員持續壓制被告，並要被告不要動。畫面持續晃動。 一名警員說：「先生不要再掙脫了，否則我要依法使用辣椒水，不要再掙脫了」另一名警員說：「拜託，你同事在那，你要使用辣椒水？你正經一點好嗎？」 被告發生掙扎聲、未有激烈反抗動作，但也不配合警員逮捕，因此持續被三名警員壓制在地上。 兩名警員分別壓住被告頭部及腳，另一名警員再將被告上銬，並將被告拉起來。

　　法院勘驗內容的括號皆是重點，本案有兩處呈現被告民眾的行為：（未有說話或動作表示）、（此時被告仍直視前方未回應警員）。從時間軸分析，當員警騎車追上後，目標是將其壓制，接觸互動過程時間不到5分鐘，而且與被告對話被法院譯文整理出只有一句「先生不要再掙脫了，否則我要依法使用辣椒水，不要再掙脫了」，從程序正義觀點而言，根本是不充分的。法官認為逮捕並非正當合法，被告單純抗拒強制逮捕作為，而沒有對警員們做出積極攻擊行為，警員在此過程中所受的擦傷，是強力逮捕過程中所造成的常見結果，因此不構成刑法第135條第1項妨害公務執行罪。而且最後，法官語重心長的告誡警方：

> 　　本案警察的逮捕行為並不合法，且被告的行為也不構成妨害公務罪，理當判決被告無罪。至於警員所屬的單位，是否是用移送妨害公務罪掩飾所屬員警違法逮捕的自保行為，則不是刑事法院判斷職權的範圍。但本院希望不是，且將來也不再會，因為這將是對人民自由權利的第二度侵害，且不是國家成立警察機關的目的。

　　從本案例之判決得知，法官仍會審酌員警在執法過程中程序正義是否到位，不能因為民眾的抗拒，然後就訴諸妨害公務，恐淪為「用移送妨害公務罪掩飾所屬員警違法逮捕的自保行為」，表示目前員警對於警民互動的程序正義認識不足。

參、妨害公務案件處理三階段

　　警察處理妨害公務案件的特色，它是無預期的，係由現場警民接觸，互動過程中才衍生出來的犯罪。上述二個案例，員

警的意圖被法官解讀為「故意」、「誘使」，有必要正視此種心態問題的嚴重性。反觀，員警執法過程若充分考量程序正義原則，即使當場可能有被冒犯的感受，卻是短暫的，提醒自己回歸執法的正軌，現場就進行情緒調節，並不需要節外生枝，再衍生妨害公務案件。

　　一般會發生妨害公務案件，大致經歷了三個階段，一開始可能是警察接獲通知，前往現場處理，或是巡邏發現對象，遂上前盤查；亦有些態樣是在派出所值班時，遭受民眾的侮辱性言論。此時，警察主觀上根據對方的行為，做出決策，告知對方要提告妨害公務。大致流程分為「到場或盤查」、「實施逮捕」、「留置與警詢」等三個階段（如圖6-1）。

圖6-1　妨害公務案件處理三階段

一、到場或盤查

　　執法重點包括如何依據警察職權行使法之合理懷疑，並做出判斷，這些是較常被點出警方疏失的階段，也是法律學者在此類案件中最多討論的面向，在此就不贅述。本書強調現場警民對話至關重要，程序正義原則在這個階段就要充分發揮。

二、實施逮捕

　　警察使用強制力（或警械），可以再檢視為使用前與使用後二個階段。而警察執勤時如何判斷使用時機，如果當時對方持有器械，或已出現暴力的攻擊行為，則比較容易判斷；尤其情況急迫下，員警可立即使用強制力，同時要遵循「比例原

則」，又稱最小侵害原則或是禁止侵害過當原則。

　　然而上述二個案例，對方都沒有器械或攻擊行為，但員警對於制止無效的認定似乎太短暫了，也就是說，主觀上太快就認定要以妨害公務罪辦理，導致法官認為員警蓄意為之；若能遵從程序正義原則來與民眾對話，或許就不需進入逮捕階段，避免過度使用強制力的風險。

三、留置與警詢

　　妨害公務案件一般只會檢討前面二個階段，但監察院調查時有注意到此階段，根據本書前面章節的說明，警詢工作首要之務是給予對方尊重，第一個案例的詹女在臉書貼文中揭露這個過程，即為讓她情緒更火上加油的原因。從監察院調查報告的時間紀錄，返回派出所後，詹女留置等待1小時34分鐘才開始警詢，筆錄製作26分鐘完成；然後從派出所移送至中壢分局偵查隊，再解送至桃園地檢署，過程約3小時。當天詹女內心感知的時間可能比實際更長，更遑論是併上手銬及腳銬。此外，其他警察同仁如果個人也有被嗆的切身經驗，就更能感同身受，或許因而給予的尊重程度不足，可見留置與警詢階段的程序正義是容易忽略的，這些警民接觸的機會，仍要注意程序正義原則。

　　上揭案例係警察行使職權假借職務機會所生違法行為之一，實際上類似案例仍不乏存在於臺灣警察實務之中，筆者於2022年間進行臺灣警察行使職權發生酷刑、不當對待及不人道對待之研究，運用「假借職務＆（員警＋警員＋警察）」、「假藉職務＆（員警＋警員＋警察）」、「濫用職權為逮捕＆（員警＋警員＋警察）」、「意圖取供＆（員警＋警員＋警察）」、「凌虐人犯＆（員警＋警員＋警察）」，及「不依法令搜索＆（員警＋警員＋警察）」等6組關鍵字，透過「法源

法律網」裁判書資料庫搜尋1988年1月1日至2020年12月31日間違法行使職權遭各法院判決有罪，且犯行本質涉及酷刑、不當對待及不人道對待的犯罪事實者，最終篩選出151筆有效資料，經分析其原因包括：警察爭取績效的壓力、警察高度破案壓力、警察人員情緒管控問題、警察人員對執法技巧認知不足、警察執法過程缺乏監控、執法對象不配合、追求破案帶來的個人獎酬、團體迷思、階級服從的組織文化、對弱勢執法對象的歧視等。這些行為係警察行使職權過程中，因違法不當致生酷行或不當及不人道對待相對人，經司法裁定有罪者之行為，雖屬警察個人不當行為，卻斲喪整體警察形象[10]。

值得關注的變化是憲法法庭113年憲判字第5號判決，為貫徹民主憲政秩序之言論自由，判決理由要旨：「針對國家機關、政府施政或公務執行等公權力之異議或反對言論，應給予最大之保障，並就人民表意之語言運用及情緒表達等，予以較大限度之容忍，不應逕自動用刑罰直接壓制此等異議或反對言論。」亦即，現行刑法第140條可能造成偏袒公務員這一方；針對「公職威嚴」之法益部分，大法官認為係過去官尊民卑、保障官威之陳舊思維，牴觸憲法保障言論自由。

依據「改善員警執勤態度實施要點」第6點第2項：「處理民眾陳情或投訴案件，應客觀妥慎查處，嚴禁偏頗；員警非有口出惡言、不當用語或發生肢體衝突等具體情事，為維護警察執法尊嚴，宜從輕議處，並將缺失案件，列入案例檢討。」雖然這是在改善執勤態度，但仍將目標指向了維護警察尊嚴。未來勢必要拉近與113年憲判字第5號判決的認知差距，執法的本質追求不能說是為了警察尊嚴，思維應當有所釐清。

現今要審思的是如何形塑警察尊嚴，否則在失去刑罰支

---

10 張淵菘、黃彥彰、章光明（2023）。警察行使職權違反禁止酷刑的本土風險因素。思與言：人文與社會科學期刊，61(1)，40-117。

撐的條件下，警察尊嚴就輕易被折損或無法展現的話，不免過於脆弱，由相關妨礙公務案件可知，警民互動的程序正義需要再強化，本書主張這才是真正樹立警察尊嚴的關鍵因素。由於113年憲判字第5號判決影響最大的公務員族群是警察人員，執法上要重新認知，程序正義的觀點也獲得大法官的支持：

> 民主法治國之公務執行，終究應以公務本身的合法性與妥當性，取得人民的自願配合，而非仰賴權威。政府必須藉由講理讓人民認同[11]。

本書一再強調警民接觸時，「對話」的重要性，另外也有一種行為態樣是精神狀況異常的對象，此時可能對話的效果不佳。例如中壢超商浩克案，桃園市政府警察局中壢分局中壢派出所員警，於2023年5月20日處理超商民眾情緒失控，因持警棍擊打該名男子12下，執法過當。外界聚焦於民眾坐在超商外頭的受傷畫面，討論員警使用強制力的問題，但監察院調查特別關注兩名員警到場後的處置，在調查報告中指出：

> 抵達現場後，見該名男子體型壯碩，分別近身抓住其手腕，欲將該名男子帶至店外釐清案情，惟該名男子當時立於原地不從，王姓員警即依其執法經驗，拿出防護型噴霧器（辣椒水），朝該名男子臉部噴灑，原預期能化解該名男子之抵抗，不料該名男子因而情緒失控，進而揮拳攻擊該2名員警，致使其等受有面部擦挫傷及輕微腦震盪。……由密錄器影像可見，直接「噴灑辣椒水」的強制作為，隨後

11　憲法法庭113年憲判字第5號判決，尤伯祥大法官提出之部分不同意見書，頁17。

引發民眾情緒爆發進而攻擊員警的行為[12]。

　　監察院調查在超商內警民接觸這一部分，認為員警「未符執勤安全規範而自陷險境」，同時點出警察教育訓練在認知上的侷限性，似乎讓員警面對此類情境時，僅有「施以強制力」的反應，因此未來有必要擴充其他的應對方案。

　　其實，從戰士vs.守護者心態來看此案，現場該如何處置就變得清晰了，雖然無法確認員警當時是否處於戰士心態，但見到民眾的情緒不穩定，此時就要讓守護者上場，對民眾講話要帶著尊重態度、口氣溫柔，詢問發生了什麼事並專注傾聽，搭配使用肢體語言來傳達鎮定或安撫的訊號，緩和對抗性，協助民眾度過情緒浪潮，不用急著要上銬，然後等待裝備或支援警力（厲害的守護者亦可能不需要）。

本章要點

- 妨害公務案件頻繁，如發生違法盤查或逮捕，除了會有法律責任，亦嚴重影響民眾對警察的信任。
- 警察處理妨害公務案件三個階段：「到場或盤查」、「實施逮捕」、「留置與警詢」，皆需符合程序正義原則，不能偏廢。
- 實務上警察執法與憲法法庭113年憲判字第5號判決的認知差距，如欲真正樹立警察尊嚴，就要更強化程序正義。

12　監察院112年10月27日新聞稿：中壢超商浩克案，監察院通過調查報告，函請警政署檢討改進。

第七章

AI對警察程序正義的影響

壹、智慧警政

　　科幻電影《視界戰》（Anon）描述一個未來世界的政府，在每個人出生時便於瞳孔植入晶片，只要睜開眼睛所見事物，影像就傳送至雲端系統，警察有權限調閱民眾眼見所及的紀錄檔。因為每個人的眼睛就是監視器，這個方式將監視器系統的效能提升到全新境界，所以犯罪監控的成效顯著，導演用警世手法呈現出「智慧警政」的前景與衝擊，然而一旦眼球被駭入，真相就會被竄改了。

　　美國華盛頓大學法學教授安德魯・古斯里・弗格森（Andrew Guthrie Ferguson）於2017年出版《大數據警察活動的興起》認為科技創新將會讓警察組織轉型成數據驅動的決策，針對犯罪的對象（who）、在哪裡（where）、什麼時候（when）以及如何（how）作全面性的風險預測，警方就依據預測結果進行資源配置[1]。例如，勤務編排犯罪熱點的時段、區域加強巡邏，或派出無人機巡邏；掌握嫌疑人黑名單，嚇阻潛在犯罪；網路輿情分析，判斷風向或蒐集犯罪情資。

　　如果有犯罪預測功能，警察就可以超前部署，避免更多人受害，然而系統是以過去的犯罪統計資料為基礎進行預測，但過去發生的就表示未來一定會如此嗎？例如美國曾有一件謀殺案，22歲的凶手殺害20歲的前女友，他在犯案三週前上網搜尋如何殺人的資訊，那麼警方要不要從關鍵字搜尋來防範呢？通常人們對Google很誠實（對臉書卻不是），根據Google統計2014年「如何殺死你的女友」的關鍵字搜尋約有6,000筆，當年實際發生女友謀殺案約400件，比例是十五分之一，且不能排除沒有先上網查資料，一時氣憤痛下毒手的情況，所以要

1　Ferguson, A. G. (2017). *The Rise of Big Data Policing: Surveillance, Race, and the Future of Law Enforcement*. New York: New York University Press.

用大數據預測某人可能的犯罪行為，並沒有電影演的那麼神奇[2]。

另一方面從「犯罪黑數」（dark figure of crime）的觀點思考，係指犯罪發生但未向警方報案，或警方未列入紀錄的情況，代表真實世界的犯罪案件數一定比官方犯罪統計的數量要多，但無法得知誤差值。智慧警政系統的自動偵蒐功能有可能會改變犯罪率的統計定義，即使民眾未主動報案，仍被系統發現，然後通報相關管轄單位去處理，所以智慧警政可望讓犯罪黑數下降，只不過在黑數下降的同時，也代表著案件數的增加。

2022年8月22日臺南市發生雙警遇襲身亡案，為了提升執勤安全，國內的解決方案是臺中市刑大科偵組使用物件偵測模型研發系統，裝置在警車上並命名為「0822」，如偵測現場有持刀嫌犯出現，立即透過強光和警報聲，對嫌犯進行反制，並通報勤務指揮中心請求支援，但如要規模化量產，可能要考量如何排除假警報的情況[3]。另外，國外已研發「智慧槍套」，一旦警察有拔槍動作，就會開啟密錄器功能[4]，未來如果發生嫌犯奪槍事件時，密錄器的影像、語音辨識功能，就可自動連繫勤務指揮中心。

此外，當AI通知需要派遣警力到場處理，就會對警察抵達現場的反應時間有更高的要求，未來可能需要部署更多快速反應的第一線警力。最理想的警力結構是透過技術創新，解

---

2 Stephens-Davidowitz, D.（2017）。**數據、謊言與真相：Google資料分析師用大數據揭露人們的真面目**（陳琇玲譯）。臺北：商周（原著出版於2017年）。

3 民視新聞網（2023/1/3）。警研發AI偵測歹徒持刀「警報＋強光」自動反擊護警。取自https://www.ftvnews.com.tw/news/detail/2023103C11M1。

4 蔡翠文、陳武洲、蔡昌穆（2023）。科技重塑警務工作。**警察通識叢刊**，16，71-105。

決勞力密集問題，讓警察投入在更有價值的事[5]。弗格森教授認為，智慧警政具有強大的風險識別（risk identification）能力，解決方案未必需要由警察來處理，也就是有些情況可能無需警察直接參與，問題就得以解決了。

導入大數據、AI後的警政治理新風貌，就會帶來信任本質的變化，《信任革命：信任的轉移與科技所扮演的角色》一書的作者瑞秋・波茲蔓（Rachel Botsman）指出，社會原本主要仰賴權威、專家、規範者、監督者等的信任來源可能沒落，逐漸邁入「分散式信任」（distributed trust）。例如，當人們對於AI的意見參考進而產生依賴，最後可能變成交由AI來決策，代表信任程度不斷升高[6]，同時等於讓AI的自主性提高。那麼警察組織架構與業務分工勢必要重新思考，以反映合理的編制，這是科技變革帶來的組織變革議題。

安全科技專家布魯斯・施奈爾（Bruce Schneier）在《隱形帝國：誰控制大數據誰就控制你的世界》書中主張，為打擊犯罪而賦予政府大量監控的權力，雖能讓人民更安全，但不能給予它濫用的能力。其建議增加透明度，避免受到政府的威脅，否則一旦被AI判定與黑名單吻合，當事人會很難平反[7]。

仍待觀察的是我們與智慧警政系統的信任關係變化。倫敦大學學院數學教授漢娜・弗萊（Hannah Fry）在《打開演算法黑箱：反噬的AI、走鐘的運算，當演算法出了錯，人類還能控制它嗎》書中發出急切的警告，面對演算法蔓延到現代生活的每個層面之際，「究竟我們讓出了多少權力，以及是否已經

5　吳斯茜（2018）。探討智慧警務的發展進程。論文發表於瀋陽：第14屆海峽兩岸暨香港、澳門警學研討會。

6　Botsman, R.（2018）。信任革命：信任的轉移與科技所扮演的角色（林添貴譯）。臺北：遠流（原著出版於2017）。

7　Schneier, B.（2016）。隱形帝國：誰控制大數據誰就控制你的世界（韓沁林譯）。臺北：如果（原著出版於2015年）。

讓事態演變到過了頭」。會過了頭的原因之一是「可解釋性」問題,假設大數據的演算法納入上百項跟地區治安狀況有關的指標,雖然分開來時個別的比重低,但整合起來就能建立預測模型,最後會產生分析結果,但它可能複雜到讓人難以理解答案究竟是如何得出來的[8]。

專研「後設認知」(meta-cognition)的心理學家史蒂芬·弗萊明(Stephen M. Fleming)舉例說明如下[9]:

> 想像一下:你最近胸痛,於是到醫院看診,想搞清楚是怎麼回事。做了一連串的血液檢測和掃描,一週後回診,和醫生一起看結果。你的病況好像很嚴重,醫生果斷建議你做心臟繞道手術。你問醫生,為何她覺得要動手術?她向你解釋了她的思考過程,也指出她的判斷有可能錯誤,並告知你判斷錯誤可能會有什麼後果,最後再次建議你接受手術。你會怎麼做呢?
>
> 現在想像另一個情境:你做了一連串的血液檢測和掃描,這次是AI助理分析了檢查得出的數據,然後它很自信地表示,你的病況好像很嚴重,最好是做心臟繞道手術。你問醫生,真的有必要做手術嗎?她說不知道,因為她不曉得AI給出的「開刀」建議是怎麼來的。她只能告訴你,根據過往經驗,AI在檢視完整檢測數據之後,做出的判斷會非常準確,所以最好相信它的判斷去動手術。你會怎麼做呢?

8　Fry, H.(2019)。打開演算法黑箱:反噬的AI、走鐘的運算,當演算法出了錯,人類還能控制它嗎(林志懋譯)。臺北:臉譜(原著出版於2018年)。

9　Fleming, S. M.(2022)。高階覺察:幫助思考與學習的後設認知,更加理解自己與他人,且能解釋未來的複雜決策(李偉誠譯)。臺北:遠流(原著出版於2021年)。頁5。

　　換言之，如果AI無法清楚解釋原因，智慧警政的發展可能讓我們變成盲目信任，但也更突顯警察人員對於程序正義理解的重要性，跟民眾互動時要有能力解釋清楚。

貳、密錄器＋AI

　　智慧警政是大勢所趨，但數據驅動的成果不只是對外打擊犯罪，也可以對內創造出協助監督警察的系統[10]。2023年12月美國紐約市議會通過一系列「增進紐約市警局執法透明度和課責度」（Improving NYPD's Transparency and Accountability）的法案。其中，針對警察攔檢的統計顯示，非裔和西語裔民眾被警察攔檢的次數過高，為降低警察的偏見執法，「攔檢次數法案」（How Many Stops Act）要求警察每次攔檢都要寫報告，即使紐約市警局反對，認為此舉會導致更多文書作業，以及數百萬美元的加班費用。這項法案通過後如何實施，就仰賴警察的密錄器紀錄。

　　第三章提到史丹佛大學運用語言學模型分析密錄器，主要聚焦在溝通行為的尊重方面，以了解美國警察執法是否有種族歧視問題。如今有科技業者研發出AI搭配密錄器：Truleo，它是一款音訊分析AI，訴求目的為增進警察專業化（police professionalism），減少使用強制力。根據該公司的介紹，其演算法針對警察互動行為的自然語言處理（natural language processing, NLP），已取得FBI國家學院協會（FBI National Academy Associates, FBINAA）的合作夥伴認證。在技術上的特色如下（公司網站：https://www.truleo.co/）：

10　王正嘉（2020）。預測性警察活動在犯罪偵防運用與問題。*刑事政策與犯罪防治研究*，25，1-47。

一、說話者辨識

Truleo提取的密錄器的音訊部分,不同於一般的音訊轉錄功能軟體無法消除環境背景雜訊,或分辨多人的繁忙對話。Truleo可以完全專注對話,並區分出不同的說話者,知道在什麼情況下誰說了什麼,還考量保護民眾的隱私,將姓名、地址、車牌號碼、駕駛執照號碼等個資遮蔽,只保留警察講話的內容。

二、警察識別與評估

Truleo為警察建立客製化的聲音識別,以及設定個人專業行為基準與風險評分,作法是對專業／不專業語言設定標籤,尤其使用特定關鍵詞或句子(例如I'm giving you 3 seconds, I will beat you down.)。當警察對話的表現超出或低於基準時,它可以通知機關單位,隨時了解警察的工作表現。

三、搜尋效能

調查密錄器往往需要翻看數小時影片,Truleo搜尋功能可讓機關單位能夠迅速地處理與案件有關的片段,大幅提高工作效率。

四、證據管理系統

Truleo首先從警察機關的證據管理系統請求並接收相關的影片,取得影片後僅提取音訊部分進行轉錄和分析,不會儲存或複製影片。所有資料數據的傳輸都經過加密,確保安全性,使用者須經過證據管理系統的授權,並驗證身分,才能調閱結果。

　　由於美國非常重視社區警政，密錄器記錄了數千小時的警察實際工作情形，本書緒論提到的堪薩斯巡邏實驗，當年還有另一組人觀察警察的工作，現在把密錄器加上AI就省事了。Truleo認為導入AI後可以協助績效管理，因為警察執法過程透明化，才能得知這名警察在日常工作上如何與人互動，經過AI長期分析後就可綜合評估個人專業表現水準，以避免僅憑民眾的投訴就認為警察疏失。此外，演算法有評分機制，如果想要獲得好成績，策略是對話過程符合程序正義，例如提供解釋和原因、使用正式的尊稱，以及避免使用粗暴言詞，重點是這些策略會提醒警察減少衝突情況升高，確保執勤安全。

　　訓練用途方面，由於AI會標記出警察正面積極的互動行為，所以這些好表現的實例可以作為新進警察人員的訓練材料。目前美國有二十多個警察機關單位開始使用，以加州阿拉米達警局的觀察，所屬警察使用武力的情況下降了36%[11]。

　　從史丹佛大學科學團隊進行的警察發言文本分析，再進一步到業者研發密錄器AI的發展，顯示密錄器有很多資料沒被妥善運用，就科技工具背後的原理，有下列幾個方向值得觀察。

一、對話是關鍵證據

　　密錄器AI只提取密錄器的音訊部分，顯示音訊比影像更有分析價值，亦說明警察執法過程中對話的重要性。「警察機關執勤使用微型攝影機及影音資料保存管理要點」第1點指出，目的是維護員警執勤安全及保障民眾權益，不是開啟拍攝

11　Yurkevich, V. (2023). How new technology caused a 36% drop in use of force by officers in this CA police department. https://edition.cnn.com/videos/us/2023/04/28/police-excessive-force-behavior-ai-bodycam-prevention-cnntm-yurkevich-contd-vpx.cnn.

就行了，且實際上密錄器AI分析主要是對話，這是最容易忽略的重點。

二、聚焦在警察而非民眾

法院審理妨害公務案件為釐清事實與法律構成要件外，會聚焦在民眾對警察的行為，尤其是強度最高的行為，甚至成為媒體報導的標題，但密錄器AI的分析對象是警察而非民眾（匿名化處理），焦點並不同。以往只有發生疏失事件才會啟動調查，密錄器AI則不分好壞一律上傳雲端分析，當警察意識到言行會受到監督，執勤就產生一定的約束力。

三、分析程序正義而非法律框架

評論警察執法議題最常用法律框架，但剖析AI的核心技術，主要依據程序正義原則來分析警察對話內容，以判斷該警察的專業表現程度。第六章交通違規攔查案例，如果使用AI進行分析，會轉錄出來現場三名員警講的幾句話：「不要亂動」、「搞什麼」、「先生不要再掙脫了，否則我要依法使用辣椒水，不要再掙脫了」、「拜託，你同事在那，你要使用辣椒水？你正經一點好嗎？」然後AI據此判定這些警察對話，恐不符合執法的專業表現。有關類似案件的檢討或案例教育，如果只是一再重申警察職權行使法的內容，可能不足以改善員警執法作為。

四、會判讀情緒的變化

AI判讀情緒是重要的發展趨勢，主要使用臉部的微表情技術（micro-expression），目前在遠距求職面試的應用最常見。雖然警察配戴密錄器鏡頭是朝外，無法拍攝到警察本人的

臉部表情，但AI也可以透過聲音偵測情緒，同樣內容用不同口氣表達，意思會截然不同。國內學者以訪談了解員警盤查方式，建議態度和緩，可採取關心的角度，降低民眾戒心，受訪的員警說：「我會用關心與聊天的方式切入盤查目的，大部分都未遭到強烈反抗。」[12]

　　反之，如果太容易被民眾挑釁，心中升起憤怒情緒，火冒三丈的大腦就處於「杏仁核劫持」狀態，自身情緒無法馬上調節，行為反應可能會帶有羞辱和報復的心態，甚至可能發生執法過度使用強制力的憾事[13]。由於人類內在情緒是解釋外在行為的參考來源之一，密錄器AI不只分析對話內容，還能從中判讀警察的情緒變化，所以未來要留意現場警察的執法是否摻雜了私人怒氣。

　　密錄器這樣的證據在20世紀是難以取得的，也是警察與其他公務人員在記錄執行公務行為的不同之處。缺乏密錄器資料佐證的話，就要追加其他證據，將更耗費心力去進行舉證，而且其在司法審判過程的重要性愈來愈高，若密錄器未開啟攝錄，法官心證上恐不利於警察。

　　警察密錄器加上AI的應用，不只是科技升級，核心本質是在思考警察專業化，因為AI最後提出的分析結果是判定警察執法行為是否符合專業精神，無論警察機關或法院是否考慮導入這類AI，真正要自我精進的是執勤行為，尤其在警民溝通互動方面。未來AI判定結果是否當成證據使用，仍要注意這樣的發展趨勢，因為這種變化的意義是，密錄器從證據功能擴展到課責功能。

12　陳淑雲（2022）。警察執行盤查合理懷疑之實務探討。**警專學報**，7(8)，1-37。

13　吳斯茜、黃郁心（2022）。警察的憤怒與寬恕：以妨害公務案例研究。**警學叢刊**，52(6)，1-19。

此外，2022年「警械使用條例」修正後，增訂調查小組的設置，警察密錄器勢必成爲重要的證據來源之一。在「警械使用調查小組組織及運作辦法」第3條，規定委員組成背景包括：1.警政署督察室及教育組代表；2.鑑識、彈道、法律、警政、心理、精神醫學或其他相關專門領域之專家學者；3.律師公會、關注警察權益或人權之團體代表；4.警佐人員。建議專業小組成員在討論案件時，可一併納入程序正義的觀點。

另一方面，如果民眾要反蒐證拍攝警察，在此以美國洛杉磯警察局（Los Angeles Police Department）提供給民眾的指引爲例（表7-1）[14]。

表7-1　洛杉磯警察局有關拍攝警察執勤之民眾指引

每個人都有權公開拍攝和拍照警察。無論你是使用你的相機記錄警察勤務活動，還是你是一名警察使用相機試圖安全有效地完成你的工作，你應該彬彬有禮，尊重和冷靜。我們希望鼓勵警民互動而不是對抗，相關法律權利和實用提示如下：
得從事的行爲 1. 如果要讓雙方關係更良好並長遠，請再退一步保持適當距離。 2. 未免讓他人以爲你是威脅，請勿突然或具威脅性的使用相機。 3. 避免從事可能會讓員警認定爲妨害公務的舉動。 4. 如果員警要拘提你或要求你停止拍攝，請冷靜地要求員警告知理由。 **不得從事的行爲** 1. 當員警在執行職務時，不要影響到員警的工作或發生肢體上的碰觸。 2. 不可以汙辱或威脅員警、做出侵略性的動作、或做任何突然的動作，也不可以拿著你的相機像拿槍一樣的動作。 3. 不可以暗中偷偷的攝錄影拍攝，尊重參與警方互動的所有人之尊嚴。 4. 不要拒絕逮捕或逃跑。

14　蔡一銘（2018）。*警察人員執勤使用隨身錄影音裝置之研究*（未出版碩士論文）。桃園：中央警察大學。頁108-109。

參、「暖警」得人心

　　AI對於未來職場的衝擊，普遍預測將會造成大量失業，目前已看到生成式AI造成許多白領工作者被取代，例如翻譯人員、程式設計師、美工繪圖、稅務員、金融量化分析師等，所以在AI時代下，「鐵飯碗」可能要重新定義，需要體力勞動的工作相對影響較小。然而，辯論沒有靈魂的AI爲什麼會威脅人類，不如先思考我們人類是否活出有靈魂的樣子。

　　就警察職場觀察，弗格森教授認爲，科技帶動警政發展從「小」數據（警察的街頭知識或直覺）轉向大數據，並對降低犯罪率寄予厚望。但民衆終究會與眞正的警察接觸、對話，因此不用過度擔憂AI會讓警察失業，而要讓警察工作更有人性，「見面三分情」依然適用，除了本書強調的程序正義原則外，發揮同理心是關鍵。美國警察在程序正義訓練課程中，會先進行內隱聯結測驗（implicit association test），讓受訓者了解自身可能的盲點、偏見。

　　當今社會賦予「暖警」正面形象，民衆期待警察更有同理心，警察機關提倡「把民衆的小事當成大事」。另從「心智理論」（Theory of Mind）來解釋同理心，心智理論是人類演化出的重要社交能力，能夠思考推論別人心理狀態，包括想法、意圖，進而解釋與預測行爲。又可以分爲「認知心智理論」與「情感心智理論」二種，主要差異例如某些心理變態的犯罪人，能夠解讀別人在想什麼，甚至操弄或欺騙別人，表面上看似正常，因爲他們在認知心智理論方面，換位思考沒問題；但就情感心智理論方面，理解不等於感受，他們不會關心其他人的感受，以凶殘行爲傷害別人也無動於衷，即使被害人求情卻依然麻木不仁。

　　事實上，心理變態者不一定會成爲罪犯，神經科學家詹姆斯·法隆（James Fallon）經常協助媒體提供犯罪心理的專

業分析，但從其個人的大腦掃描圖像發現與心理變態的罪犯相符，追溯其家族史後發現，竟有幾位祖先是殺人犯，他在《天生變態》書中呈現自我探索的歷程，解釋爲何他有變態大腦卻沒有謀殺欲望。書中研究歸納多數心理變態的犯罪人在幼年時期極度缺乏關愛，並曾受過肢體、精神和性侵害等虐待，而法隆的專業成就備受敬重，則歸功於成長過程充滿親友的愛與支持，證實後天教養與環境能克服基因障礙[15]。所以犯罪預防工作要注意高風險家庭的教養問題，或許可以減少社會悲劇。

　　進入AI時代，警察要意識到同理心的重要性更高，如果要提升同理，首先要注意的是「傾聽」，例如受理民眾報案，眞誠地傾聽過程並非只靠聽覺接收訊息，而是臉部表情、口氣語調、肢體動作都要投入，讓民眾感覺被理解與關懷，但是科技卻讓我們傾聽能力更差了。《你都沒在聽：科技讓交談愈來愈容易，人卻愈來愈不會聆聽。聆聽不但給別人慰藉，也給自己出路》作者凱特·墨菲（Kate Murphy）認爲，不懂得傾聽、選擇性傾聽或是拒絕傾聽，只會阻礙我們了解世界，也剝奪了我們進步提升的機會。尤其「親密溝通偏見」，係指自認對親友十分了解，自以爲知道對方會說什麼，所以就沒有好好傾聽，但實驗證明，人們高估了自己理解親近的人在想什麼的能力[16]。

　　另一方面要注意濫用科技的關懷，如果一直發送「警察局關心您」，這種方式雖然可以大量、快速地散播訊息，非常便利，但可能關懷不成，反而擾民，以致於輕忽了眞正要宣傳的犯罪預防內容。要言之，類此犯罪預防宣導的活動，除了應該

15 Fallon, J.（2016）。天生變態：一個擁有變態大腦的天才科學家（瞿名宴譯）。臺北：三采（原著出版於2014年）。

16 Murphy, K.（2020）。你都沒在聽：科技讓交談愈來愈容易，人卻愈來愈不會聆聽。聆聽不但給別人慰藉，也給自己出路（謝佩妏譯）。臺北：大塊（原著出版於2020年）。

同時兼具廣度和深度外，應該透過溫度以達宣傳的感動性。

　　網絡傳播學者戴蒙・森托拉（Damon Centola）將訊息傳播分為「簡單傳播」與「複雜傳播」二種形式，「簡單傳播」係指簡單的想法或資訊，常見使用多元的媒體、刊登廣告、找名人代言等大量發布方式處理，這類作法森托拉稱之為「散彈槍策略」和「銀彈策略」，追求的是提高訊息的曝光度，可能帶來一陣子熱潮，之後就被人遺忘了。

　　「複雜傳播」則是需要改變民眾信念或行為，才能真正推動改變。要運用的是「滾雪球策略」，成功實例是非洲的馬拉威為期四年的農耕實驗，該國長期有糧食供應問題，因為傳統耕作法大概只發揮農地五分之一的生產力，加上水資源不穩定，政府希望向農民推廣新的穴植技術（pit planting）。一開始政府採用名人推廣的銀彈策略，但效果不到百分之一，實驗的研究團隊後來就改變策略，決定先弄清楚村落中的社交關係網絡結構，找出願意改變的農民，這些人受到當地農民信任，大家會彼此討論農事，然後進行技術的合作。他們在自己的農地種植成功後，其他農民看到穴植技術的可信度和正當性，就願意接受，也逐漸推廣起來。此外，當時滾雪球策略設定每個村子至少先有二位，如果人數愈多，社會增強的效果也愈高[17]。

　　參考上述的概念，警察機關在設計宣導內容前，不妨先確認並區分出是簡單傳播或複雜傳播。如果性質屬於複雜傳播的話，就要慎選對象才會有效果，否則可能淪為散彈槍和銀彈策略，作秀一下效益不大，也浪費人力、時間和成本。

　　實際上，改善社會治安真正需要的並不是建構更強大的智慧警政，而是更善良的人心。可預期未來警察機關投入犯罪預

17　Centola, D.（2022）。引領瘋潮：七大策略，讓新觀念、新行為、新產品都能創造大流行（林俊宏譯）。臺北：時報文化（原著出版於2021年）。頁270-275。

防工作的比重勢必增加，由於滾雪球策略需要人與人的接觸，而且有信任基礎才能更有效，總之暖警愈多愈好。

本章要點

- 持續建設智慧警政的同時，要注意AI存在的可解釋性問題。
- 搭配密錄器的AI會轉錄警察的對話，再從內容分析是否符合程序正義，代表密錄器從證據功能擴展到課責功能。
- AI時代來臨，警察的同理心更加重要，傾聽是培養同理心的第一步。

第八章

外部程序正義從警察組織內部滋養

壹、警察組織內部程序正義

　　警政學者湯姆・泰勒（Tom R. Tyler）強調，執法正當性與程序正義應該納入所有警察機關活動的思維之中，包括警察對內與對外的工作，然後嫻熟地展現出來。

　　本書多著墨於警察執法的時機，亦即外部程序正義的面向，至於如何培養程序正義的素養與應對習慣，源自於內部程序正義（internal procedural justice），也就是警察組織如何對待同仁，這是警察各階層主管值得正視的課題。國外研究指出，如果允許警察同仁在單位內向長官提出質疑，並且不會受到長官以輕蔑或攻擊來回應，那麼警察在外執法時，更有可能傾向同樣的方式對待民眾的異議行為。因為，外在行為（external behaviors）與內在體驗（internal experiences）應為一致；亦即，如果警察機關內部的人際互動是公平、尊重和透明的，同仁就會以類似的方式對待民眾[1]。以盤查為例，當民眾異議時，希望員警能夠穩住情緒，互動過程秉持程序正義原則；然而在警察機關內，上班時如果同仁對於長官意見有不同想法，長官是否也能表達尊重，並傾聽部屬的想法？針對警察內、外部程序正義的概念，如圖8-1所示。

　　研究者徐坤隆針對警察內部程序正義進行初探性研究，2015年以新北市政府警察局員警為對象進行問卷調查，有效問卷584份，該研究之內部程序正義分為「公平」、「尊重」與「溝通」三個構面，公平係指長官在處理與下屬權益相關事項時是否持平對待或一視同仁；「尊重」係指長官決策過程中，同仁真正認知並感受到自己的需求被列入決策考量；「溝通」係指長官能給同仁充分表達意見之管道，並能充分向同仁

1　Van Craen, M. & Skogan, W. G. (2017). Achieving fairness in policing: The link between internal and external procedural justice. *Police Quarterly*, 20(1), 3-23.

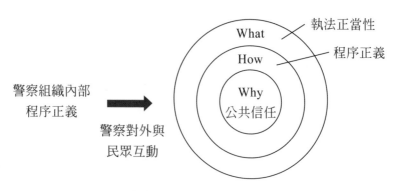

圖8-1　警察內、外部程序正義的關係

說明決策的考量因素與過程。研究結果發現，內部程序正義是解釋員警信任長官的重要變項，內部程序正義分數愈高，對長官愈信任；當員警感知內部程序正義之後，就能進一步回應民眾的需求。尤其年資愈深的員警，掌握執勤技巧以及個性可能愈成熟，也更懂得如何與民眾互動，對於民眾的信任程度也較高[2]。由此可知，員警在警察組織內部程序正義的感知，會影響到對外執法行為的程序正義程度，所以有機會承擔決策角色的長官，都要留意內部程序正義的影響。

　　除了警察組織內部踐行程序正義外，警察人員在招募新人的教育訓練過程中，亦應落實內部的程序正義，在孕育執法倫理的過程中，兼持「公平」、「尊重」及「溝通」的原則，以培育未來警察執法人員滋養程序正義的內涵，最終外顯於警民互動的過程之中。

　　另在企業管理上，面臨著新世代員工管理的挑戰，例如新人動不動就請假、提離職，或許警界也有相同困擾，以下是管

2　徐坤隆（2020）。**內部程序正義對我國員警信任態度與行為影響之研究**（未出版博士論文）。桃園：中央警察大學。

理顧問給主管們的解決之道，有五個步驟[3]：

一、解決過程務必讓團隊成員參與。

二、主管召集團隊成員討論。

三、請團隊成員提出想法形成共識。

四、過程中請扮演著中立的角色。

五、產生結果後，做出白紙黑字的會議紀錄，確保彼此權益。

　　由上述步驟看得出來，主管要以團隊成員能夠參與、感受到被尊重為前提，討論時秉持中立態度，沒有先入為主，讓成員可以表達意見，過程中所有程序正義原則都齊備了。警察組織生態或許跟企業有些差異，但職場管理離不開人性心理，在本書第四章程序正義的操作實例單元，有介紹澳洲實驗組警察與民眾互動還要觀察對方哪裡做得好，然後表達感謝，為什麼長官不對部屬這麼做呢？

　　根據聯合國的《全球幸福報告》（World Happiness Report），有關員工的快樂和幸福感調查部分，在COVID-19疫情之前，主要來源是歸屬感、工作彈性以及對工作的目的感；在疫情期間，員工認為最重要的影響因素是擁有一個理解與支持自己的主管[4]。雖然疫情已經遠離，但主管對員工在上班的幸福感仍有重大影響，雖然本書偏重的是如何增進警民關係互動的和諧，但警察組織內部也有很大的需求，故在此延伸至內部程序正義，提醒警察領導議題的重要性，期盼主管們可以發揮更多正向作用。

3　李河泉（2023/8/17）。新人動不動就請假、提離職，主管怎麼拿回主導權？5步驟從容應付。商業周刊。取自https://www.businessweekly.com.tw/management/blog/3013071。

4　EMBA雜誌編輯部（2022/12/28）。練習提升幸福感，讓快樂的員工創造好的績效。**EMBA雜誌**，（437）。取自https://www.emba.com.tw/?action=news_detail&aID=4672。

貳、正向心理與職場管理

　　從職場管理的理論發展脈絡觀察，工業管理所催生的20世紀組織架構與工作設計，最具代表性的首推弗雷德里克・泰勒（Frederick W. Taylor）的科學化管理，而後的霍桑實驗（Hawthorne Experiments）開啓了人性化管理思維，也爲組織行爲的學術領域奠基。如今21世紀的全球化競爭、產業環境瞬息萬變，組織運作型態早已改觀，醫療進步壽命延長、退休與年金制度變革，人們與工作的關係亦大不相同。20世紀多數員工可以接受只爲了錢工作，如今人們在基本需求獲得滿足後，薪酬以外的因素愈來愈重要，希望工作能感到幸福、有意義，期望與他人有良好互動，團隊有歸屬感，職涯成長逐步實現自我。

　　「正向心理學」（positive psychology）的興起是驅動領導行爲變化的力量之一。1997年賓州大學心理學教授馬丁・塞利格曼（Martin E. P. Seligman）當選爲美國心理學會（American Psychological Association, APA）的主席，大膽開闢心理學的新航道，有別於傳統心理學研究聚焦在病態、缺陷、不正常人的心理問題，塞利格曼設定的目標是航向快樂、幸福。1998年美國心理學會的年度大會首度出現「正向心理學」一詞；2000年塞利格曼與提出「心流理論」（flow theory）的米哈里・契克森米哈伊（Mihaly Csikszentmihalyi）聯手撰寫專文介紹並推廣正向心理學，且號召有志之士加入陣營；短短二十多年間，研究者前仆後繼，開枝散葉。管理學領域也受到啓發，學者弗瑞德・盧桑斯（Fred Luthan）決定跟著正向心理學起跑，2002年撰文倡議「正向組織行爲學」（positive organizational behavior, POB）[5]。

5　Luthans, F. (2002). The need for and meaning of positive organizational behavior. *Journal of Organizational Behavior*, *23*(6), 695-706.

　　倡議「正向領導」（positive leadership）的密西根大學管理與組織學教授金‧卡梅倫（Kim Cameron），曾研究過美國科羅拉多州洛基弗拉茨（Rocky Flats）的奇蹟。冷戰期間美國和蘇聯為確保具備「相互保證毀滅」的能力，兩國展開核武競賽，廠區負責生產核武零件「鈽引爆器」，也因此造成嚴重的核輻射污染；1989年美蘇宣布冷戰結束、隨即裁減軍備；1992年美國能源部決定關閉該廠區，啟動清理專案。這是世界上第一個退役和關閉的核武設施，也是非常龐大、複雜的環境清理計畫，歷時十三年後如今成為野生動物保護區。但奇蹟的部分不是保護區，而是專案比預期提前了六十年完成，亦比原估算費用減少了300億美元；相較於美國能源部的其他清理計畫，大致上按時程（或延遲），且在預算範圍內（或超出預算）。這項專案的領導力顯然非常卓越，於是卡梅倫與馬克‧拉文（Marc Lavine）進行領導力研究，並將研究成果寫成《化不可能為可能》一書點出專案領導變革成功，關鍵是思維與方法採用了「豐盛途徑」（abundance approach），係指努力實現正向的偏差（positive deviance），追求團隊最佳狀態，並致力於發揮組織和個人的最高潛力。對比的作法是採用「匱乏途徑」（deficit approach），只專注於解決問題或彌補缺陷，而非尋求更好的可能性[6]。

　　《影響力領導：5大原則培養乘數思維，讓部屬甘心跟隨，締造乘數績效》的作者莉茲‧懷斯曼（Liz Wiseman）在書中將領導者分為「乘數者」（Multiplier）與「減數者」（Diminisher）二類，差別在看待部屬的角度截然不同。前者會萃取、拓展他人的才智，點石成金，讓人上班生氣蓬勃；後

6　Cameron, K. & Lavine, M. (2006). *Making the impossible possible: Leading extraordinary performance – The Rocky Flats story*. San Francisco, CA: Berrett-Koehler.

者則是減少他人的才智，讓人黯淡無光、如履薄冰，然後逼走優秀人才。每位領導者都有一些乘數者與減數者的傾向，但要自己辨識出來，盡可能多多展現乘數者時刻。

單位裡如果有缺額，第一個反應往往是趕快爭取人力，但乘數型領導者的假設不同，他們的邏輯是[7]：

一、組織裡的大多數人均未充分發揮能力。

二、在合適的領導之下，可以善用所有的能力。

三、因此，可以在不需要更多投資之下，倍增才智與能力。

再以美國矽谷科技界被人稱為「兆元教練」的比爾‧坎貝爾（Bill Campbell）為例，他是Apple、Google、Amazon等龍頭企業的顧問及高階主管教練，早年在大學當足球教練，結果發現帶隊的心法在矽谷一樣適用，他認為優秀的主管，必須先是優秀的教練。他參加會議時經常會真誠且熱烈地拍手叫好，目的不是讚美產品，而是表揚團隊，有公司甚至將之命名為「比爾‧坎貝爾的掌聲」（Bill Campbell clap, BCC），每當有人在會議上宣布好消息時，底下就會冒出五聲響亮的掌聲[8]。「教練能力」（coaching）是領導的核心職能，好教練具備的特徵，一是整體情緒基調是正面的，二是教練對象有真誠實在的連結[9]。

正、負向情緒對於學習的影響為何？根據凱斯西儲大學「腦心意識實驗室」的研究，將參與學生分為兩組，分別由二位教練詢問，一位教練會詢問：「假如你的人生在十年後達到

7　Wiseman, Z.（2024）。影響力領導：5大原則培養乘數思維，讓部屬甘心跟隨，締造乘數績效（蕭美惠譯）。臺北：時報文化（原著出版於2017年）。

8　Schmidt, E., Rosenberg, J., & Eagle, A.（2020）。教練：價值兆元的管理課，賈伯斯、佩吉、皮查不公開教練的高績效團隊心法（許恬寧譯）。臺北：天下雜誌（原著出版於2020年）。

9　Boyatzis, R., Smith, M. L., & Van Oosten, E. B.（2021）。助人改變：持續成長、築夢踏實的同理心教練法（戴至中、王敏雯譯）。臺北：經濟新潮社（原著出版於2019年）。

完美的理想境界，它會像是怎麼樣？」屬於正向情緒；另一位教練會詢問：「你上課上得怎麼樣？有沒有把功課全部完成？有沒有把閱讀習題全部完成？老師是否有給足夠時間？」屬於負向情緒。學生表示前者教練讓人覺得啟發人心與關懷，後者則讓人感到內疚與羞愧。3、5天後受試者接受96則簡短影片，並用功能性磁振造影（functional magnetic resonance imaging, fMRI）觀察大腦區域的活化程度，前者教練的正向提問影片，會啟動同理式網絡區塊的活化，至於負向提問影片則啟動分析式網絡區塊，亦即聚焦於他人的缺點或不足，會妨礙學習[10]。

參、警察主管請多用正向領導

美國康乃爾大學心理學教授湯瑪斯·吉洛維奇（Thomas Gilovich），與史丹佛大學心理學教授李·羅斯（Lee Ross）兩位重量級學者合著《房間裡最有智慧的人：康乃爾x史丹佛頂尖心理學家帶你洞悉人性判辨真偽》。書中第一位上場的是美國艾森豪將軍（Dwight David Eisenhower），時間設定在1944年聯軍正準備登陸諾曼地的前夕，當時艾森豪將軍是聯軍最高指揮官，深知此次行動攸關擊敗納粹德國，需要在任務出發前向聯軍表達決勝信心，但他交給蒙哥馬利將軍（Bernard Montgomery）發表談話，他則是到處走動，一一向官兵們握手，為他們即將英勇奮戰致敬[11]。

10 Jack, A. I., Boyatzis, R., Khawaja, M., Passarelli, A., & Leckie, R. (2013). Visioning in the brain: An fMRI study of inspirational coaching and mentoring. *Social Neuroscience*, 8(4), 369-384.

11 Gilovich, T & Ross, L.（2017）。*房間裡最有智慧的人：康乃爾x史丹佛頂尖心理學家帶你洞悉人性判辨真偽*（林力敏譯）。臺北：先覺（原著出版於2015年）。

艾森豪曾表示：「每當我來到一個新工作單位，我會先觀察誰是工作環境裡最優秀、最有才幹的人。我會把所有想法先拋在一邊，盡我所能推動這個人認為該做的事。」他要求自己，無論情勢多麼悲觀，公開談話一定要表達勝利在望的信心；他經常去軍隊視察，面帶微笑、拍拍弟兄們的肩膀[12]。他這種包容型的領導風格，明顯跟威權領導行為差異甚大，也被視為後來成為美國總統的成功因素之一。

再舉另一位領導人的例子，曾在阿富汗擔任美國與所有盟軍的總指揮官麥克克里斯托（Stanley A. McChrystal）四星上將。其常要與世界各地的情報分析師運用視訊開會，他在基地聽取簡報時有一個習慣：「當輪到他們上場時，他們的臉總是會突然塞滿整個畫面，我會特別留意，和他們打招呼時要直呼其名，通常這麼做會讓他們出現驚喜的笑容。他們在指揮鏈所處的軍階比我低八級，而且離我千里遠，怎麼會知道他們的名字呢？很簡單，我讓團隊成員準備一張當天簡報對象的小抄。簡報時我會試圖表現出全神貫注，我想讓對方明白他們的工作很重要；即使簡報不忍卒睹，我都會稱讚兩句，其他人則會在稍後提供改進建議，不需要在大庭廣眾之下由我出面。[13]」從這個小地方可以看出來，即使最講究階級嚴明的軍方組織，領導風格已不再只是命令控制。

儒家的傳統價值強調「順從權威」，而警界的領導風格亦較仰賴正式權威，同仁也可能習慣長官發號施令，甚至以憤怒情緒來展現，訓示責備或貶抑部屬能力藉此立威。在這種組織文化下，要作到真正的程序正義恐怕不太容易，長官們若施展

---

12 Brooks, D.（2020）。成為更好的你（第二版）（廖建容、郭貞伶譯）。臺北：遠見天下文化（原著出版於2015年）。

13 McChrystal, S. A., Collins, T., Silverman, D., & Fussell, C.（2016）。美軍四星上將教你打造黃金團隊：從急診室到NASA都在用的領導策略（吳慕書譯）。臺北：商周（原著出版於2015年）。

更多軟性技巧，則可能被視為有損領導威信。然而，現代的權威關係已經改變，年輕世代的工作價值觀與傳統價值有別，若偏好威權式領導的長官，效果可能會削弱；換言之，同仁們的順從是否要受到長官負面情緒的驅動？

　　雖然警察機關對於績效評比十分要求，但絕不可低估同仁們的心理感受。情緒感染研究的權威、華頓商學院教授席格・巴薩德（Sigal Barsade）認為，長期以來組織文化研究幾乎都從認知的角度將之概念化，一直忽略情感的面向。其提出組織文化理論——「友愛文化」（a culture of companionate love），其中的核心關鍵「陪伴之愛」（companionate love）並非基於浪漫，而是基於溫暖與連結。友愛文化的概念是指在工作中注入對他人的感情（affection）、同理（compassion）、關懷（caring）和溫柔（tenderness）的感覺，研究針對員工的問卷調查題目為：「一般來說，你所在單位的其他員工多久表達一次以下情緒（感情、同理、關懷和溫柔）？」換言之，在上班的時候能否經常體驗到這些友愛的行為[14]。反之，友愛薄弱的組織只有公事公辦，員工之間可能覺得不必要表達感情、同理、關心和溫柔，彼此冷漠甚至可能無情。

　　為什麼大家上班的互動淪為公事公辦、缺乏友愛，這與領導人脫不了關係，組織心理學家艾德・夏恩（Edgar H. Schein）發現權威式領導人往往過度任務導向，只管目標的達成，忽略與團隊成員建立真誠關係的重要性；夏恩建議把組織運作視為是拔河隊或大隊接力，領導人要重視如何促進團隊信任感[15]。

14　Barsade, S. & O'Neill, O. A. (2014). What's love got to do with it? A longitudinal study of the culture of companionate love and employee and client outcomes in a long-term care setting. *Administrative science quarterly*, 59(4), 551-598.

15　Schein, E. H.（2014）。MIT最打動人心的溝通課：組織心理學大師教你謙遜提問的藝術（徐仕美、鄭煥昇譯）。臺北：遠見天下文化（原著出版於2013年）。

　　ADP研究所（ADP Research Institute）2018年針對工作敬業度進行全球調查（Global Study of Engagement），該報告研究分析「什麼因素創造高敬業度團隊？」，結果亦指向了團隊領導人的信任，當成員對團隊領導人信任時，其敬業表現比不被信任的領導人，相差高達十二倍之多。進一步探求什麼因素讓領導人被團隊信任？有二個重點，一是幫助團隊成員清楚了解工作期望，二是讓成員有機會發揮長處而受到肯定，這樣的領導人就會贏得團隊成員信任[16]。

　　即使領導者自認為「以德服人」，也要讓團隊成員感受到溫暖、受尊重。因為研究發現，若團隊其中一人不信任領導人，其他成員對領導人的信任也會顯著降低，代表會相互感染。優秀領導人很重視讓員工感受到尊重，很多好人才的流失，就是因為沒有感受到尊重。尊重和信任是相關的，當員工對領導人的信任程度不足，就比較難感覺有受到尊重；即使做了同樣的行為，員工對於比較信任的領導人，個人評價所感受到的尊重亦較高[17]。

　　所以到頭來，信任才是最重要的。

---

16 Buckingham, M. & Goodall, A.（2019）。關於工作的9大謊言（李芳齡譯）。新北：星出版（原著出版於2019年）。

17 Zenger, J. & Folkman, J.（2023）。7個好方法，讓員工有受到尊重的感覺。哈佛商業評論中文版。取自https://www.hbrtaiwan.com/article/22210/7-ways-to-make-employees-feel-respected-according-to-research。

本章要點

- 程序正義的思維不只是警察對外的執法，亦可應用在警察組織內部。
- 「教練能力」（coaching）是領導的核心職能之一，聚焦於他人的缺點或不足，會妨礙學習。
- 權威式領導可能過度任務導向；警察主管可強化正向領導，增進團隊信任。

結　語

有鑑於程序為基礎的正當性模型在國外已受到廣泛的關注，但目前國內對於警民互動的程序正義，基本認識和探討尚在起步，本書初步彙整相關國外文獻與研究，核心概念強調警民互動過程的品質，互動過程如要確保品質，最關鍵的是符合程序正義的四項核心原則：尊重、給予發聲的機會、在決策過程中保持中立，以及傳遞值得信任的動機，這樣的互動會帶來正面效益，因為民眾可以感知到警察行為，並認為警察具執法正當性，就更願意遵守法律和配合警察指示，也可望增加對整體警察的信任度。

目前國內有一些初步研究，例如劉璟薇進行民眾對警察執法正當性感知及其影響因素之研究[1]，2022年以桃園市民為對象進行問卷調查，有效問卷1,147份，研究結果發現，分配正義與程序正義之間呈現高度的正相關，皆會影響民眾對於警察執法正當性的感知。例如，民眾交通違規在先，如果知道該警察的執法沒有因人而異，民眾就覺得是有公平的。

學者林耿徽指出文化差異的重要性，認為我國警察在導入程序正義理論架構前，基礎研究要測試相關程序正義的競爭因素，其測試的競爭因素包括警察有效性、程序正義、分配正義等三個因素，2023年該研究採用分層隨機抽樣，針對設籍於臺北市且年滿18歲以上民眾進行電話訪問，調查實際完成1,006份有效樣本。研究結果發現程序正義變項未能影響警察執法正當性，至於警察有效性與分配正義變項均有顯著的影響，此研究結果與多數歐美國家的研究結果不同[2]。可能由於目前國內只有少數研究關注執法正當性的概念，未來有必要探

1 劉璟薇（2022）。**民眾對警察執法正當性感知及其影響因素之研究**（未出版博士論文）。桃園：中央警察大學。

2 林耿徽（2023/11/3）。**程序正義與警察正當性對民眾守法行為的影響——台灣實證研究的初探**。論文發表於嘉義：2023年犯罪問題與對策學術研討會。

討執法正當性的本土化意義，並進行更多實證研究。

　　警察組織內部程序正義的影響性，也是不容輕忽，因為它能滋養外部的程序正義，警察主管宜塑造正向領導風格。回顧本書第三章麥迪遜公園11號的例子，當餐廳要求員工把顧客服務提升到「款待」的境界，主管們對待員工的態度也要提升，內外一致。

　　警察維護社會治安工作是一個極度複雜的議題，本書第一章所提之《21世紀警察政報告書》，係經過一系列來自各領域公眾意見彙整之報告，為吾人提供「好警察」概念架構之實用的關鍵基本原則：民主警政（democratic police）、正當合法的警政（legitimate police）、公開透明的警政（open and transparent police）、課責警政（accountable police）及效能警政（effective police）。這些關鍵基本原則彼此之間緊密相連、相輔相成。

　　社會大眾都想要一個有效能的警察，警察人員本身亦同，然而警察想要提升抗制犯罪的效能就必須有社區的合作，這是晚近諸多學理與文獻的共見之識，但是警民合作並非從天上掉下來的禮物，當民眾認為警察具有正當合法性時，民眾愈願意與警察合作；而且愈是公開透明的警察機關，則愈能讓民眾覺得警察具有正當合法性。如果警察機關落實違法使用強制力或警察風紀廉能案件的課責機制，更能讓民眾認同警察的正當合法性。良善的「好警察」非一蹴可幾或一招半式足以為之，它是多元途徑的融合。各項基本原則或要素間彼此是相互融合的，只有在警察無時無刻與民眾互動過程中，體現這些關鍵基本原則後，方能獲得民眾的「信任」，以實踐皮爾爵士的九項警務原則。

　　最後，希望本書有助於理解警民互動的本質，無論對內、對外，皆要從程序正義著手，展望未來在良性循環下，警察同仁們信任長官的領導，民眾提高對警察的信任，好事成雙。

國家圖書館出版品預行編目(CIP)資料

警民互動之程序正義／吳斯茜,張淵菘著. --
初版. -- 臺北市:五南圖書出版股份有限
公司, 2025.02
面; 公分
ISBN 978-626-423-148-0(平裝)

1.CST: 警政 2.CST: 警民關係

575.8   114000374

1RE3

警民互動之程序正義

作　　者 — 吳斯茜、張淵菘（202.7）

編輯主編 — 劉靜芬

責任編輯 — 林佳瑩

封面設計 — 姚孝慈

出 版 者 — 五南圖書出版股份有限公司

發 行 人 — 楊榮川

總 經 理 — 楊士清

總 編 輯 — 楊秀麗

地　　址：106台北市大安區和平東路二段339號4樓

電　　話：(02)2705-5066

網　　址：https://www.wunan.com.tw

電子郵件：wunan@wunan.com.tw

劃撥帳號：01068953

戶　　名：五南圖書出版股份有限公司

法律顧問　林勝安律師

出版日期　2025年 2 月初版一刷

定　　價　新臺幣280元

經典永恆・名著常在

五十週年的獻禮 —— 經典名著文庫

五南,五十年了,半個世紀,人生旅程的一大半,走過來了。

思索著,邁向百年的未來歷程,能為知識界、文化學術界作些什麼?

在速食文化的生態下,有什麼值得讓人雋永品味的?

歷代經典・當今名著,經過時間的洗禮,千錘百鍊,流傳至今,光芒耀人;

不僅使我們能領悟前人的智慧,同時也增深加廣我們思考的深度與視野。

我們決心投入巨資,有計畫的系統梳選,成立「經典名著文庫」,

希望收入古今中外思想性的、充滿睿智與獨見的經典、名著。

這是一項理想性的、永續性的巨大出版工程。

不在意讀者的眾寡,只考慮它的學術價值,力求完整展現先哲思想的軌跡;

為知識界開啟一片智慧之窗,營造一座百花綻放的世界文明公園,

任君遨遊、取菁吸蜜、嘉惠學子!